D1701712

SCM
Stiftung Christliche Medien

Dieses Werk einschließlich aller seiner Teile ist urheberrechtlich geschützt. Jede Verwendung außerhalb der engen Grenzen des Urheberrechtsgesetzes ist ohne vorherige schriftliche Einwilligung des Verlages unzulässig und strafbar. Das gilt insbesondere für Vervielfältigungen, Übersetzungen und die Einspeicherung und Verarbeitung in elektronischen Systemen.

© 2011 SCM Collection im SCM-Verlag GmbH & Co. KG
Bodenborn 43 · 58452 Witten
Internet: www.scm-collection.de; E-Mail: info@scm-collection.de

Bildnachweise
Die Bilder in der Reihenfolge ihres Erscheinens: Stefan Körber/Fotolia; Liane M/Fotolia; Roman Milert/Fotolia; pixhook/iStockphoto; Igor Kovalchuk/Shutterstock; tepic/iStockphoto; Pawel Klisiewicz/Shutterstock; Adam Gryko/Fotolia; Anyka/Fotolia; contrastwerkstatt/Fotolia; bibi57/iStockphoto; Nickilford/iStockphoto; Georgescu Gabriel/Shutterstock; S.T.A.R.S./Fotolia; EduLeite/iStockphoto; SilviaJansen/iStockphoto; aniszewski/iStockphoto; Adam Gryko/Shutterstock; Dmitriy Chistoprudov/Fotolia; Lobke Peers/Shutterstock; princessdlaf/iStockphoto; ELEN/Fotolia; photobank.kiev.ua/Shutterstock; Christian Jung/Fotolia; mabe123/iStockphoto; Gina Sanders/Fotolia; Liliboas/Shutterstock; Stefan Körber/Fotolia; David Hughes/Shutterstock; Bliz/iStockphoto (Montage aus zwei Fotos); inamoomani/Fotolia; Triff/Shutterstock.
Titelbild: bluestocking/iStockphoto
Musterhintergrund: mirpic/Fotolia

Quellenhinweise
Die Bibelzitate wurden entnommen aus:
Elberfelder Bibel 2006, © 2006 SCM R.Brockhaus
im SCM-Verlag GmbH & Co. KG , Witten.

Zitat von Max Lucado auf der Seite **Das erste Weihnachtslied** aus: Max Lucado, Stille Nacht in meinem Herzen, Francke-Buchhandlung GmbH 2006.
Zitat von C. S. Lewis auf der Seite **Die angemessene Reaktion** aus: C. S. Lewis, Pardon ich bin Christ, C. S. Lewis, Brunnen-Verlag GmbH 1986.
Zitat von C. S. Lewis auf der Seite **Geballte Fäuste oder empfangende Hände?** aus: C. S. Lewis, Gott auf der Anklagebank, Brunnen-Verlag GmbH 1993.
Zitat auf der Seite **Uns ist ein Kind geboren** von Dietrich Bonhoeffer, © Gütersloher Verlagshaus in der Verlagsgruppe Random House GmbH.
Zitat von C. S. Lewis auf der Seite **Das Wunder vollbracht** aus: C. S. Lewis, Der letzte Kampf, (Neuübersetzung). Die Chroniken von Narnia Bd. 7, © 2008, Verlag Carl Ueberreuter, Wien

Gesamtgestaltung: Guido Apel, Bamberg, www.guidoapel.de
Druck und Bindung: Gorenjski tisk storitve d.o.o., Kranj
Gedruckt in Slowenien
ISBN 978-3-7893-9512-3
Bestell-Nr. 629.512

Nicola Vollkommer

Wunder Weihnacht

SCM Collection

Warten auf den Messias

Es gibt ein ungeduldiges Warten.
„Ich will es haben, und ich will es jetzt!"
Das Kind, das nach dem begehrten Spielzeug verlangt. Der Egoist, der nur für die Befriedigung seiner Begierden lebt. Ein Warten, das eigentlich nicht warten will.

Es gibt ein verzweifeltes Warten.
Die einsame Frau, die sich nach einem neuen Glück sehnt. So sehr, dass es wehtut. Der Mann, der mit der Aussicht hadert, alleine alt zu werden. Das Warten auf eine Arbeit, auf Versorgung, auf eine Nachricht, auf Heimat, auf die Sonne, auf den Regen. Der von Schmerz gequälte Körper, der um Heilung fleht und wartet.

Es gibt ein resigniertes Warten.
Das Warten auf den Tod. Darauf, dass es endlich vorbei ist. Die kräftezehrende Frage: Kümmert mein Schicksal irgendjemanden? Der Fluch der Endgültigkeit.

Es gibt aber auch ein anderes Warten.
Ein gespanntes Warten, ein aktives Warten.
Auf Zehenspitzen. Ein Warten, das mit träger Apathie nichts zu tun hat. Es ist ein Lebensstil des Wartens. Allein die Aussicht auf das Ersehnte lässt euphorisch werden. Den Weg zu gehen ist ebenso spannend, wie das Ziel zu erreichen. Simeon, der im Tempel auf den Messias wartet. Elia, der auf den Regen wartet. Die junge Frau, die auf den Schritt des Geliebten vor der Tür lauscht. Die Propheten, die in ihren Gebetskammern schreien: „Wann? Wie lange noch?" Das Warten in der Gewissheit: Er kommt.
Das Geflüster durch die Jahrhunderte, dass Träume wahr und Vorahnungen Realität werden.

Denn was ist die Hoffnung anderes als ein beständiges, beharrliches Erwarten der verheißenen Güter im Glauben?

Johann Arndt

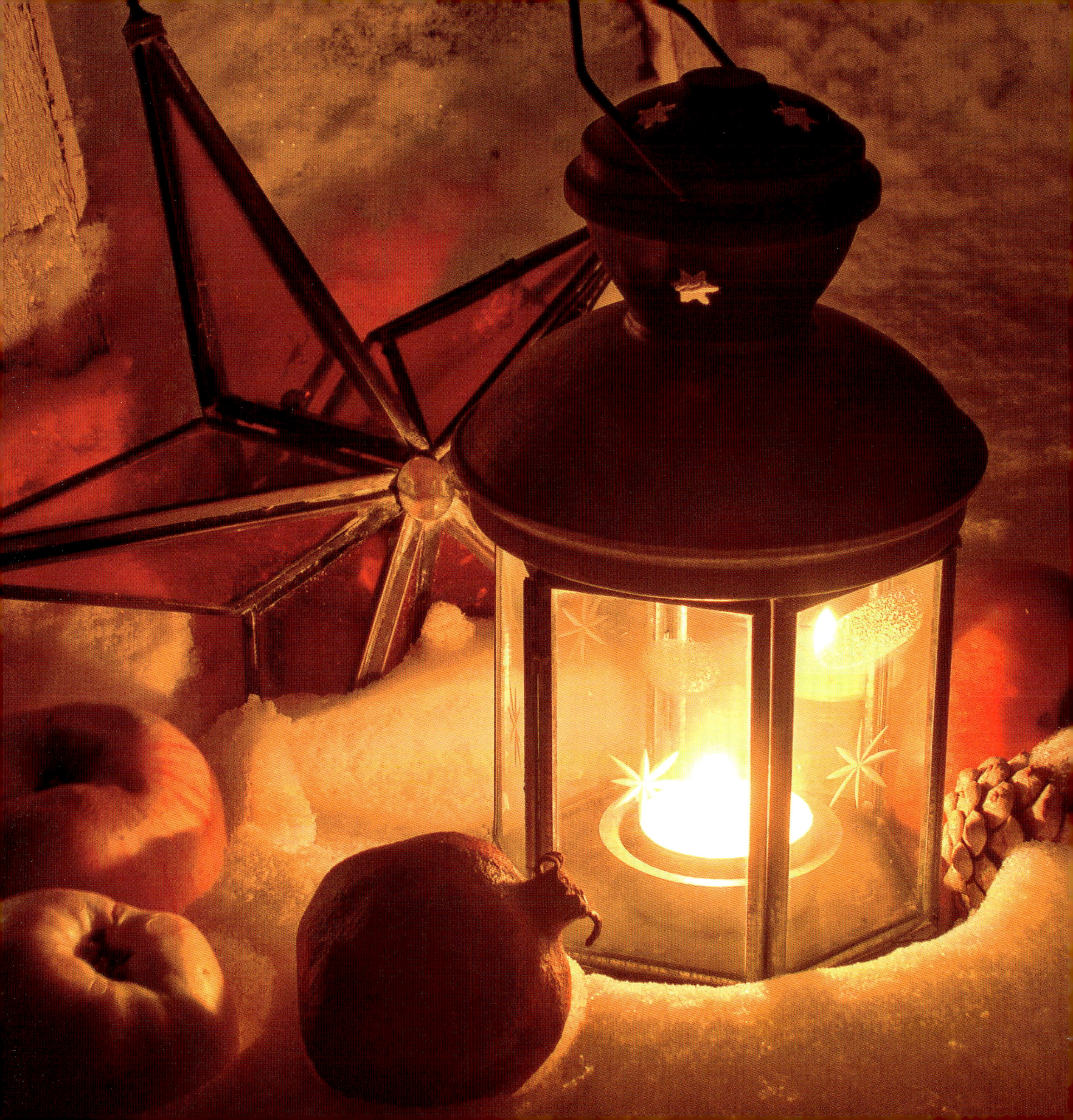

*Advent und Weihnachten ist wie ein Schlüsselloch,
durch das auf unseren dunklen Erdenweg ein Schein aus der Heimat fällt.*
Friedrich von Bodelschwingh

Auf dem Weihnachtsmarkt

Auf dem Platz vor der großen Kirche spielt eine Kapelle von rüstigen, in Tracht gekleideten Opas ihre Alphörner. Wie holen sie überhaupt einen Klang, geschweige denn einen richtigen, aus den endlos langen Röhren? Sie schaffen es. Ein kleiner Knirps vor der Buchhandlung sieht verloren aus, während er etwas auf seiner Blockflöte zum Besten gibt, das mit „O du Fröhliche" entfernte Ähnlichkeit hat. Die Marionetten sind wieder da. Und der bärtige Herr mit „Jingle Bells" auf der Drehorgel. Kerzen, Strümpfe, Tischdecken, Mützen, noch mal Kerzen, Kuscheltiere in Adventsmontur …
Gestresste Eltern ziehen quengelnde Kinder von einem Waffelstand zum nächsten. Ein buntes Paradies von banalen Brauchtümern, umgeben von Lebkuchen-, Glühwein- und Bratwurstduft. Ein Nikolaus mit blonden Locken tanzt in einem Kreis, während „Rockin' Around the Christmas Tree" aus einem Lautsprecher dudelt.

Eigentlich sollte man das ganze Treiben lautstark verurteilen. Eigentlich haben die Weihnachtsmoralisten recht, die über die „Säkularisierung" und „grassierende Kommerzialisierung" des Weihnachtsfestes klagen.
Das monumentale Ereignis vor 2000 Jahren, auf Volksfeststimmung reduziert?
Die Ewigkeit in eine Plastiktüte gepackt?
Das Evangelium verbilligt auf einer CD?
Der Retter der Welt als Souvenir im Sonderangebot?
Die wichtigste Botschaft aller Zeiten in Tipps verwandelt, wie man den Weihnachtsbaum frisch hält oder trotz Weihnachten schlank bleibt?

Oder weist gerade diese Fülle von Banalitäten auf etwas Welterschütterndes, das einmal war? Großereignisse haben doch immer Spuren von Kitsch und Sentimentalität zurückgelassen. Ist das nicht gerade der Beweis für die Einmaligkeit von Weihnachten, wenn auch nach Jahrhunderten noch das größte Fest des Jahres anlässlich der Geburt eines Kindes gefeiert wird? Menschen wischen sich Tränen aus den Augen und wissen nicht, warum. Jeder ist auf seine Weise bewegt. Die Schönen und Reichen sinnen über Familie, Spenden und Werte nach. Mitten im kommerziellen Rummel hängt doch ein gewisses Heimweh in der Luft …
Nachklänge der herzzerreißenden Engelstimmen von alters her? Heimweh nach einem verlorenen Paradies, nach Hoffnungen, die das Christkind im Stall wieder neu weckt?

Das Echo eines vergangenen Weltereignisses, geflüsterte göttliche Signale – sie mögen inzwischen schwach, künstlich, entstellt, schwer zu erkennen sein. Aber sie sind da, unüberhörbar, jedes Jahr, und sie werden vermutlich bleiben. Und wenn die uralten Texte nächstes Jahr wieder aus dem Radio ertönen, wenn selbst die gottloseste Gesellschaft für ein paar Tage ohne Scham fromm sein darf, dann werden wir wissen, dass Gott uns erneut an das wichtigste Ereignis aller Zeiten erinnert.

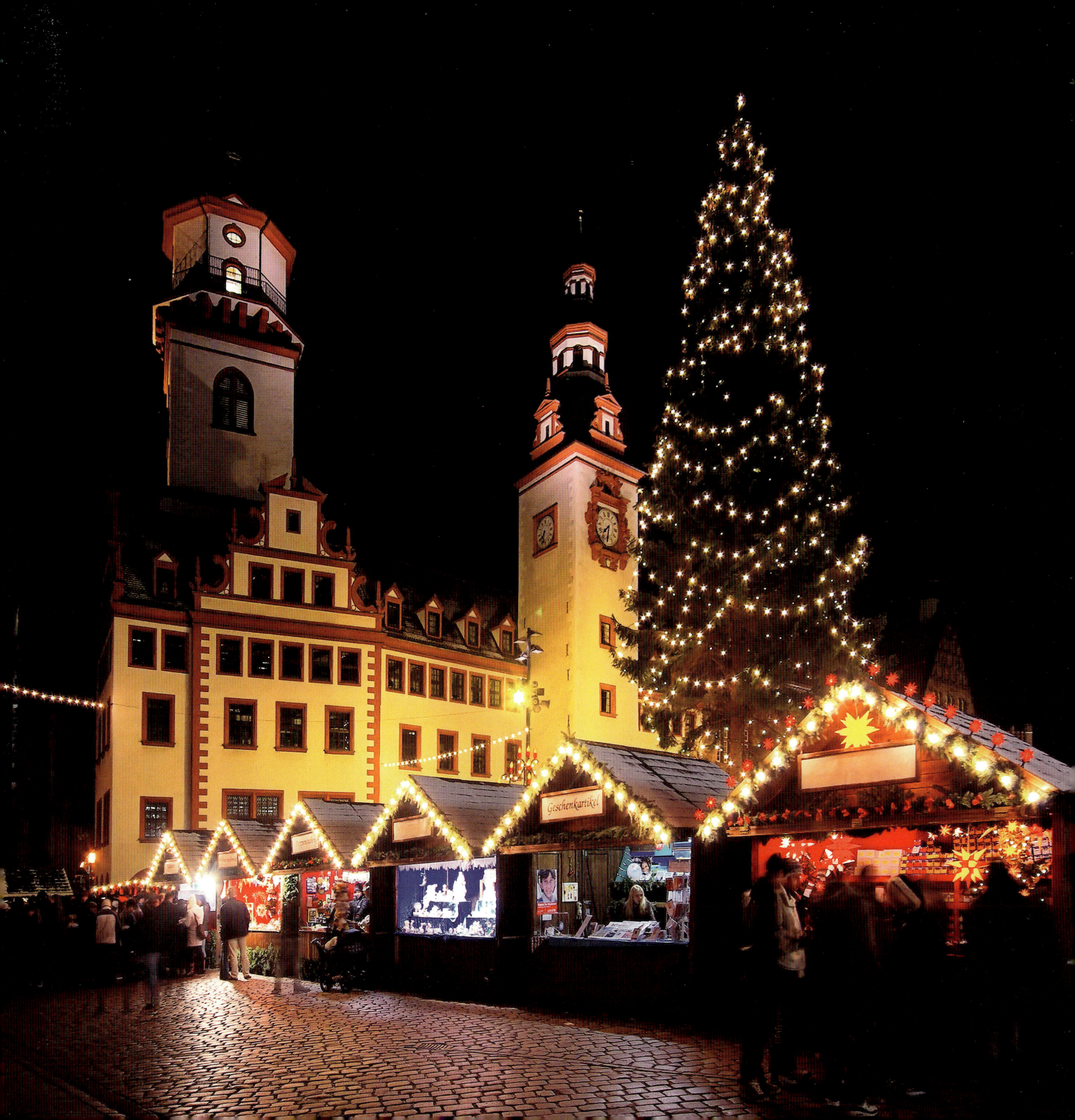
Geschenkartikel

Herunter und hinaus

Er herrschte über ganze Galaxien, lebte seit Ewigkeiten in einer Ekstase der Harmonie und Pracht. Jede Art von Schönheit hatte in ihm ihren Ursprung, entfaltete sich nur durch ihn, Farben, Formen, atemberaubende Landschaften, Lust, Lachen, Wonne und Glück. Alles seine Idee.

Aber er kam herunter, ließ all das hinter sich. Er kam herunter und reduzierte seine Herrlichkeit auf die Strapazen einer menschlichen Geburt, den Schrei eines Babys, das nichts kann, nichts weiß, einer schäbigen, feindlichen Umgebung hilflos ausgesetzt. Er kam herunter, tauschte sein Königsgewand für einen Schurz, seinen Herrscherstab für eine Holzsäge, seine regierenden für dienende Hände. Der Monarch wurde zum Knecht.

Und dann hinaus. Aus der Geborgenheit einer gottesfürchtigen Familie, aus der Sicherheit eines handwerklichen Berufs, aus der Anonymität eines kleinen Dorfs. Hinaus in die Konfrontation des Guten mit dem Bösen, hinaus in die Schlagzeilen, zwischen die Fronten. Hinaus in die launischen, wankelmütigen Menschenmengen. Einmal „Hosianna", dann „Kreuzige ihn". Ein Stück verfluchtes Holz hatte das letzte Wort.

Hilf mir, Herr, herunter –
herunter von meinem Stolz,
immer gut dastehen zu wollen,
mir so gerne schmeicheln zu lassen,
alles im Griff zu haben,
im besten Licht dazustehen,
der Monarch meines Lebens zu sein.

Hilf mir, Herr, hinaus –
mit dienenden Händen
in die gebrochene Welt hinein,
in die Tränentäler hinein,
hinaus zwischen die Fronten,
gebend, nicht nehmend,
in deinen Fußstapfen.

Habt diese Gesinnung in euch, die auch in Christus Jesus war, der in Gestalt Gottes war und es nicht für einen Raub hielt, Gott gleich zu sein. Aber er machte sich selbst zu nichts und nahm Knechtsgestalt an, indem er den Menschen gleich geworden ist, und der Gestalt nach wie ein Mensch befunden, erniedrigte er sich selbst und wurde gehorsam bis zum Tod, ja, zum Tod am Kreuz. Darum hat Gott ihn auch hoch erhoben und ihm den Namen verliehen, der über jeden Namen ist.

Philipper 2,5-9

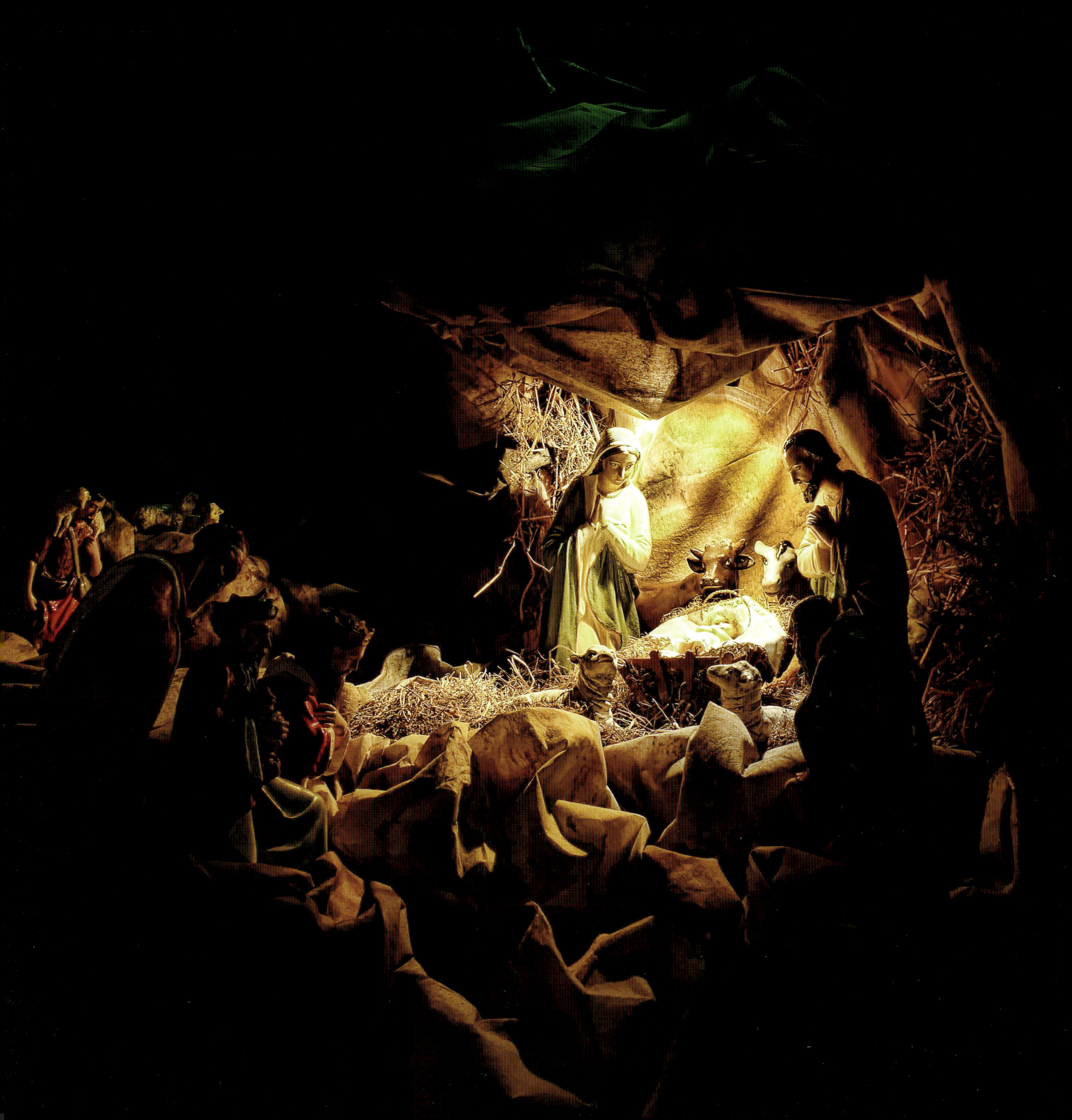

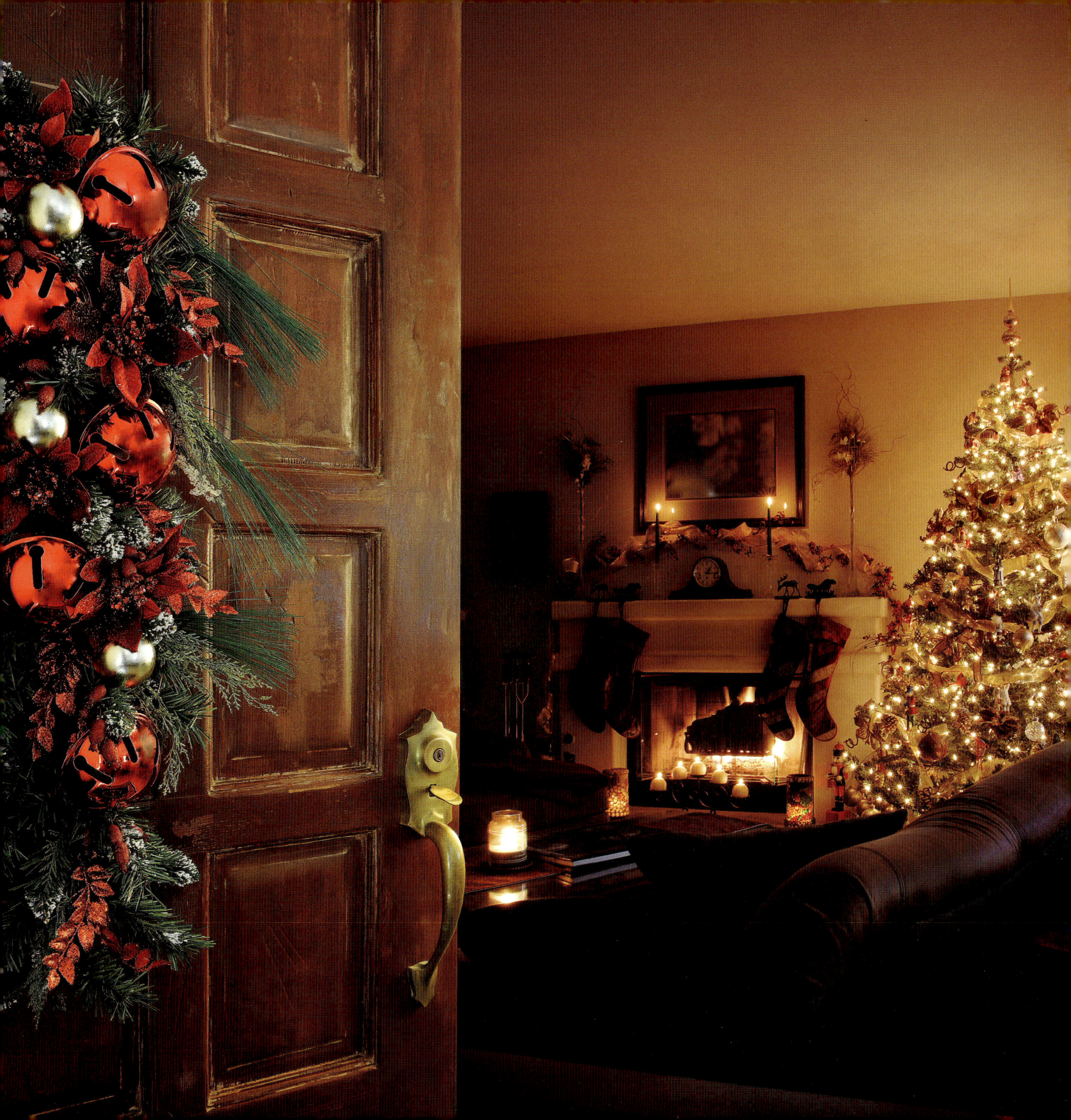

Gott auf der Suche

Schon am Anfang war er dort nicht zu finden, wo man ihn erwartet hätte. In einem alten Futtertrog, notdürftig mit Stroh ausgestopft, hat man nicht nach dem Messias gesucht. Die Luft muss frisch und zugig gewesen sein, als er in den Armen eines bescheidenen Zimmermanns lag. Schon die Geburt entsprach so ganz und gar nicht seiner hohen Herkunft.

Später sitzt er an staubigen Straßenrändern herum, an denen Bettler im Dreck hocken. An den Spielplätzen, wo Mütter mit ihren Kleinen sitzen und plaudern. An Brunnen, aus denen berüchtigte Frauen ihr Wasser holen. Er stochert im Sand an einer Hinrichtungsstätte, an denen eine Sünderin gesteinigt werden soll. Er hängt an Straßenschranken herum, an denen Steuereintreiber ihre krummen Geschäfte machen. Überall – und ausgerechnet dort, wo ein Staatsmann dieser Welt nicht zu finden wäre.

Und diese Vorliebe für gebrochene Dinge. Er wird von ihnen geradezu angezogen. Eine Alabasterflasche. Brot. Menschenherzen. Sein eigener Körper. Er mag gebrochene Dinge.

Er bleibt immun gegenüber Dingen, die normale Menschen schnell und tragisch in ihren Bann ziehen: Ruhm, Anerkennung, Geld, lukrative Verbindungen, Macht, Besitz. Er könnte alle Reiche dieser Welt haben. Aber das Angebot lässt ihn kalt.

Warum? Weil er nach etwas sucht. Krampfhaft, unerbittlich. Nach etwas, was verloren ging, kostbarer für ihn als sein eigenes Leben. Er sucht nach verlorenen Schätzen. Er tastet im Staub und unter den Möbeln nach der einen Münze, die abhandenkam. Er stolpert durch die Wildnis, durch das Gebüsch, Gefahren und wilden Tieren zum Trotz, dem einen Schaf nach, das nicht nach Hause zurückfindet. Er steigt auf das Dach, Tag für Tag, und späht zum Horizont, bis Augen und Kopf wehtun, nach dem einen Sohn, der ihm den Rücken kehrte.
Und er klopft. Wieder und wieder. Hämmert an die Tür. An deine Tür. Er sieht dein gebrochenes Herz. Sehnt sich nach einem Platz an deinem Tisch. Gerade an Weihnachten.

Du bist der Gegenstand seiner Liebe,
seiner Aufsicht, seiner Pflege;
an dich denkt er,
dir geht er nach Tag und Nacht.

Ludwig Hofacker

Weiße Wunderwelt

Ich spüre es schon, bevor ich aufstehe. Die Luft ist frisch. Selbst kleinste Geräusche klingen gedämpft. Als ob jemand auf das Pianopedal am Klavier gedrückt hätte und nicht mehr loslässt. Ich steige leise aus dem Bett, laufe auf Zehenspitzen, ziehe die Rollläden hoch, öffne das Fenster. Ich wusste es doch! Sanfte Flocken tanzen an mir vorbei. „Sie sind doch viel zu groß, um so leise landen zu können!" Laut zu reden wäre aufdringlich angesichts des gewaltigen Naturschauspiels, das sich vor meinen Augen entfaltet. Flüstern muss man, wenn überhaupt. Ich bin ein ungebetener Gast, ich habe das Haus eines anderen betreten, einen großen Künstler bei der Arbeit überrascht. Es gibt nur eine Reaktion: staunen.

Ich richte mein Gesicht nach oben. Bloß nichts versäumen, diese zarte Schönheit erleben bis zum Anschlag, solange sie anhält. Und dann Worte suchen, die mich davor bewahren, das Wunder je zu vergessen.

Kleine Kristalle, leicht und zierlich wie Federn, jedes einzelne ein außerordentliches Meisterstück, einzigartig gemustert und verziert, zufällig zusammengewürfelt – wie schafft er das bloß? Ein Mensch, der so etwas entworfen hätte, wäre schon ein mehrfacher Milliardär. Man würde Eintritt bezahlen müssen.

Klar, die Theologen haben recht. Schnee hat, historisch gesehen, mit Weihnachten nichts zu tun. Es herrschte tropische Hitze, als Jesus auf die Welt kam. Es war alles andere als heimelig und still in diesem Stall.

Ich ziehe meine Stiefel über lange Wollsocken, ich will raus auf die Felder, das Märchen einatmen, Teil davon werden, es soll einen tiefen Abdruck auf meiner Seele hinterlassen, bevor das Getriebe des Alltags mich einholt.

Die Masse dieser Abertausenden von Schneeflocken hat sich in ein glitzernd weißes Panorama verwandelt, durch die aufgehende Sonne rötlich verklärt. Die Landschaft ist in einen strahlenden Mantel von Unschuld gehüllt. Die klare Luft schneidet, nimmt mir fast den Atem. Kein anderer Mensch weit und breit zu sehen. Das einzige Geräusch ist das Knirschen meiner Stiefel im Schnee. Hat er es etwa extra für mich gemacht? Weil er wusste, dass ich ihm gleich entgegenrennen, seine Nähe suchen würde? Wahrscheinlich nicht. Ich bilde es mir aber gerne ein. „Können wir hier nicht Hütten bauen?", fragte Petrus, als er der Ewigkeit für einen kurzen Moment mit großen Augen gegenüberstand. Kann man Herrlichkeit einfangen, festhalten?

Jesus selbst muss genug davon festgehalten haben, um es 33 Jahre lang hier auszuhalten. Für mich sind diese Momente gelegentliche Signale aus einer anderen Welt. Für ihn waren sie Heimat. Für mich eine Anzahlung auf ein zukünftiges Leben, die mir hin und wieder hilft, über die ermüdende Routine dieser Welt hinwegzusehen.

Kein Wunder, dass Petrus Hütten bauen und auf dem Berg bleiben wollte. Aber Jesus ging zurück ins Tal. Weil dort die Menschen auf ihn warteten.

Ein Auto hupt, das Handy klingelt, zu Hause steht der Abwasch. Eine Mutter schimpft auf dem Weg zum Kindergarten. Der Schnee auf dem Gehweg ist zu dunklem Matsch geworden. Das Kontrastprogramm eben. Aber mit einer leichten Seele. Mit dem Flüstern des Himmels, das in meinem Ohr noch nachhallt.

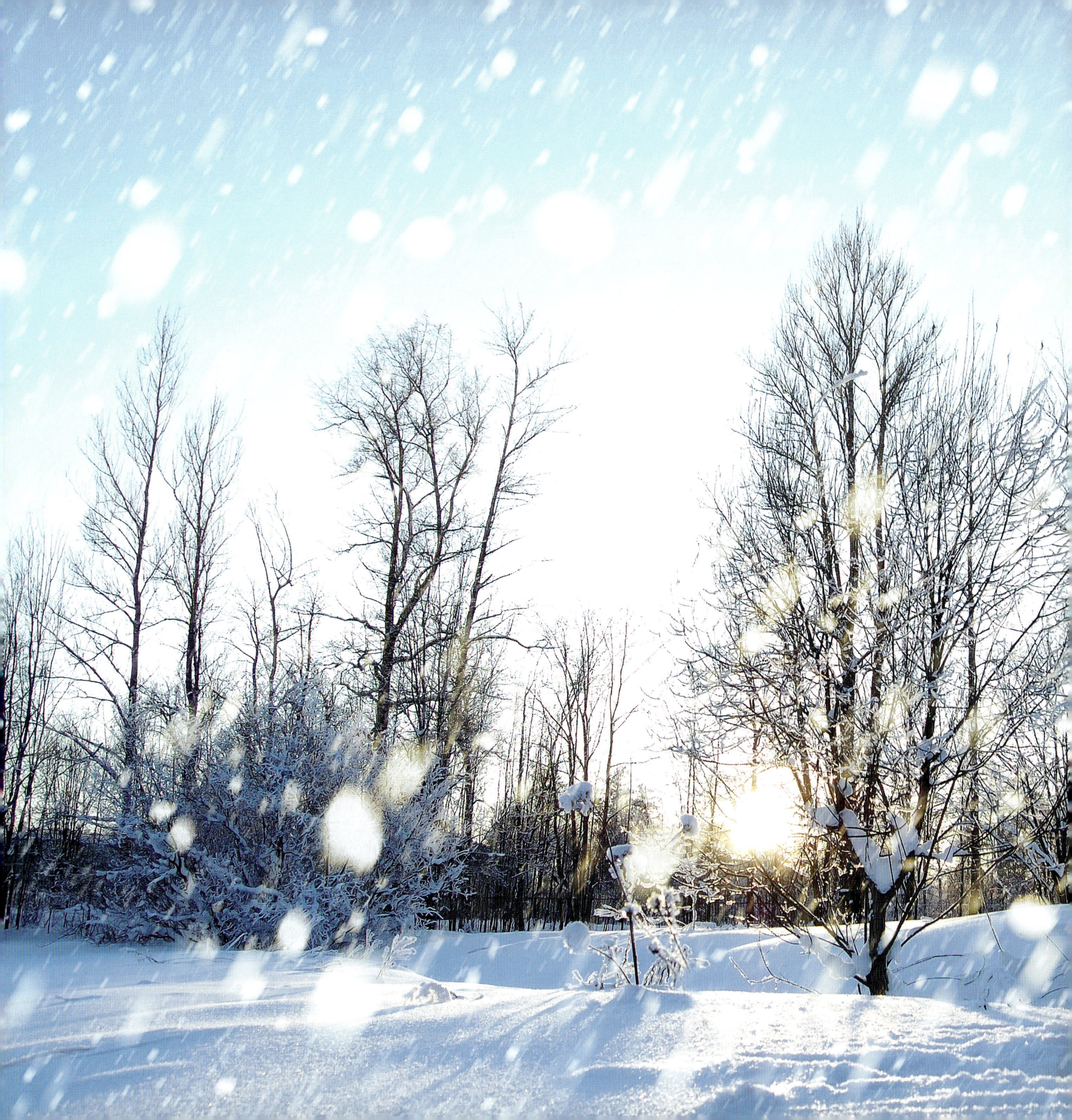

Lukas und Matthäus

Wenn ich wählen müsste, würde ich Lukas wählen. Er erzählt die Weihnachtsgeschichte, wie ich sie aus meinen Lieblingsliedern kenne: „Herbei, o ihr Gläubigen", „Hört der Engel helle Lieder", „Stille Nacht". Auch das Ländliche mag ich, auch das kommt aus Lukas. Hirten, Schafe, Ochsen, Esel, Tauben: eine rustikale Idylle für Tierliebhaber. Nicht zu vergessen das bewegende Herzstück der Geschichte: eine Mutter mit ihrem neugeborenen Baby, nicht irgendeinem Baby. Der Retter, der Heiland der Welt. Lukas hat es erfasst. Er sieht es ähnlich wie in meinem Weihnachtsambiente im Wohnzimmer – Engel, Krippenszene, sanfte Musik, Kerzen, Tischdeckchen mit aufgestickten Glitzerkugeln an den Rändern. Die Deko könnte auch von ihm kommen.

Dann schlage ich Matthäus auf. Eine andere Stimmung. Es grüßen die Männer der Geschichte. Kein Stall mehr, sondern der Palast eines Königs. Matthäus berichtet nämlich aus Jerusalem. Geht schnell zur Seite, ihr Hirten, macht die Bühne frei für goldbeladene Magier aus dem Fernen Osten. Stampfende Stiefel, das Klirren von Waffen, Leibwächter, unverschämte Reichtümer, von Soldaten bewacht. Es grüßt Herodes, schäumend vor Wut. Schaltet „Stille Nacht" schnell aus, her mit der Marschmusik. Keine Schlaflieder aus dem Mund einer verehrenden Mutter, sondern schmerzerfüllte Schreie einer „Rahel, die um ihre Kinder weint". Die Lieblichkeit von Lukas mit einem Schlag durch Herodes' Massenmord an den Söhnen Bethlehems zerschmettert.

Matthäus hat es nämlich auch erfasst: Schon zu Anfang der Geschichte hatte Jesus Feinde. Seine erste Windel war nicht einmal gewechselt und schon die ganze Hauptstadt seinetwegen in Aufruhr.

Lukas bleibt dennoch eine kleine Oase, in die ich mich gerne zurückziehe, um etwas Himmelsduft einzuatmen. Matthäus holt mich schnell genug wieder ein.

Und es waren Hirten in derselben Gegend, die auf freiem Feld blieben und des Nachts Wache hielten über ihre Herde. Und ein Engel des Herrn trat zu ihnen, und die Herrlichkeit des Herrn umleuchtete sie, und sie fürchteten sich mit großer Furcht.

Lukas 2,8-9

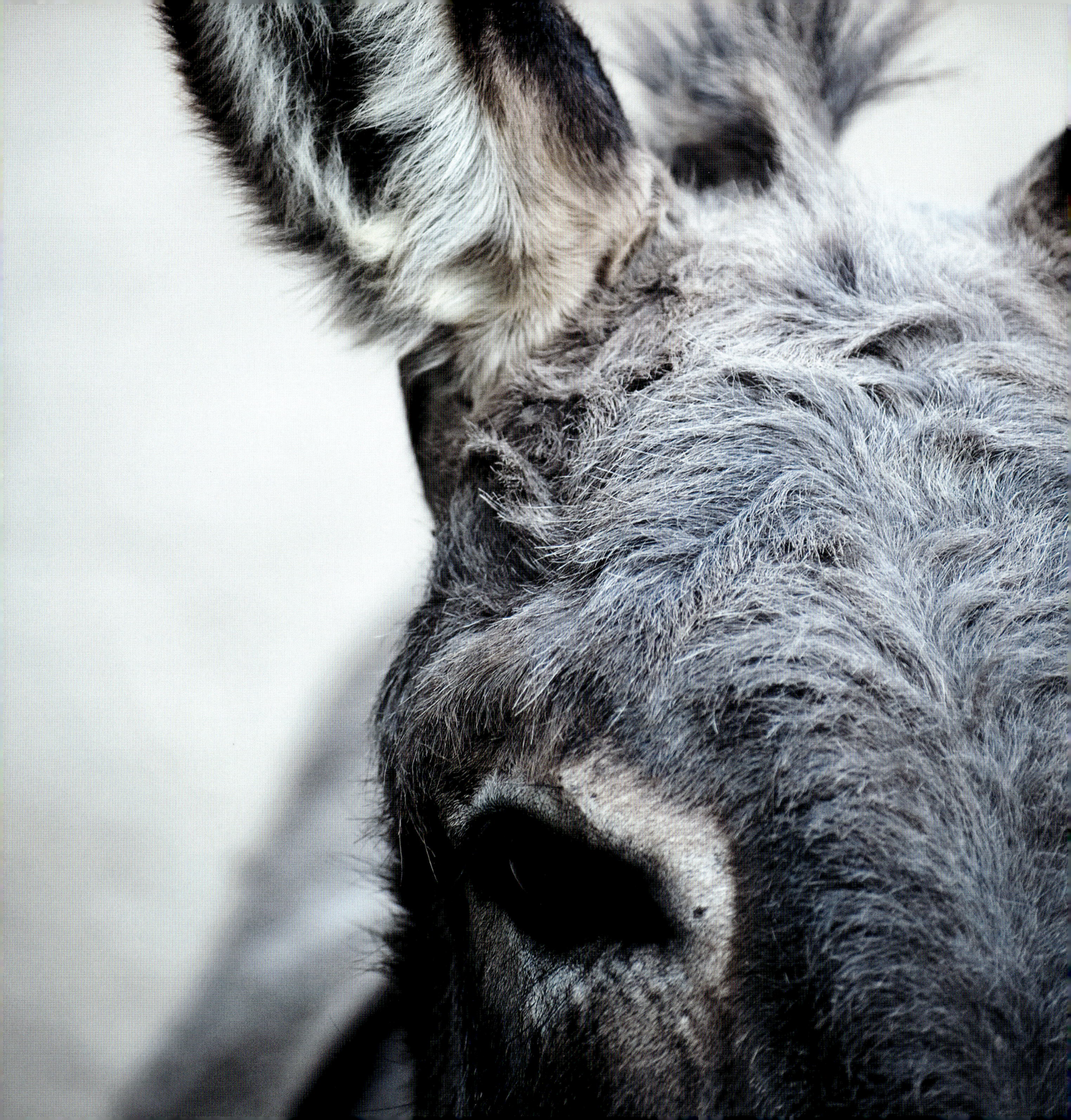

Der Gerechte

Josef aber, ihr Mann, der gerecht war …
Matthäus 1,18

Josef musste schnell lernen, auf einem gepackten Koffer zu sitzen. Spätestens nach dem Gespräch mit dem Engel hat er es endgültig begriffen: Sein Leben gehört nicht ihm. Seine Identität verliert sich in Gottes Identität. Er wird zum Hüter des Christus. Sein Bodyguard sozusagen.

Viel über seine Person erfahren wir nicht. Außer dass er von Beruf Zimmermann war. Er deckte Häuser, reparierte Möbel, betreute Kunden, schrieb Rechnungen. Der Inbegriff einer unauffälligen Bürgerlichkeit. Und er war „gerecht". Das heißt, er strebte danach, in den Augen Gottes richtig zu leben. Vermutlich gehörte auch er zu dieser kleinen Gruppe von betenden, suchenden Menschen, die die alten Schriften kannten und sehnsüchtig auf das Kommen des Messias warteten. Und deshalb in die Absichten Gottes eingeweiht waren.

Er hat es nicht darauf abgezielt, mit einem Heiligenschein, Watte und Glitzerperlen geschmückt zu werden und unter einem Weihnachtsbaum zu stehen. Er wollte auch nicht als religiöser Superstar in die Weltgeschichte eingehen oder Stoff für unzählige sagenumwobene Geschichten liefern. Er hatte lediglich ein inniges emotionales Bedürfnis, das zu tun, was in Gottes Sinne war. Unabhängig davon, ob er selbst etwas davon hatte oder nicht.

Es gibt keine Hinweise dafür, dass er überredet oder gezwungen werden, einen emotionalen Kraftakt leisten, ein Trauma durchleben musste. Er kannte die Stimme, die in der Nacht zu ihm sprach und ihn aufforderte, Maria zu seiner Frau zu machen. Die ihm später befahl, nach Ägypten zu fliehen und einige Zeit später, wieder nach Nazareth zurückzukehren.

Für Josef war das Wohlergehen Jesu das Entscheidende, er traf wichtige Lebensentscheidungen am Schicksal des Kindes entlang, widmete sich dem kostbaren Leben, das seiner Obhut anvertraut war. Beruf, Sparkonto, Ruf, geordnete Lebensverhältnisse, Sicherheit? Mit all dem war es erst einmal vorbei. Er war so sehr ergriffen von diesem Kind, dass ihm sein persönliches Glück scheinbar nicht mehr so wichtig war.

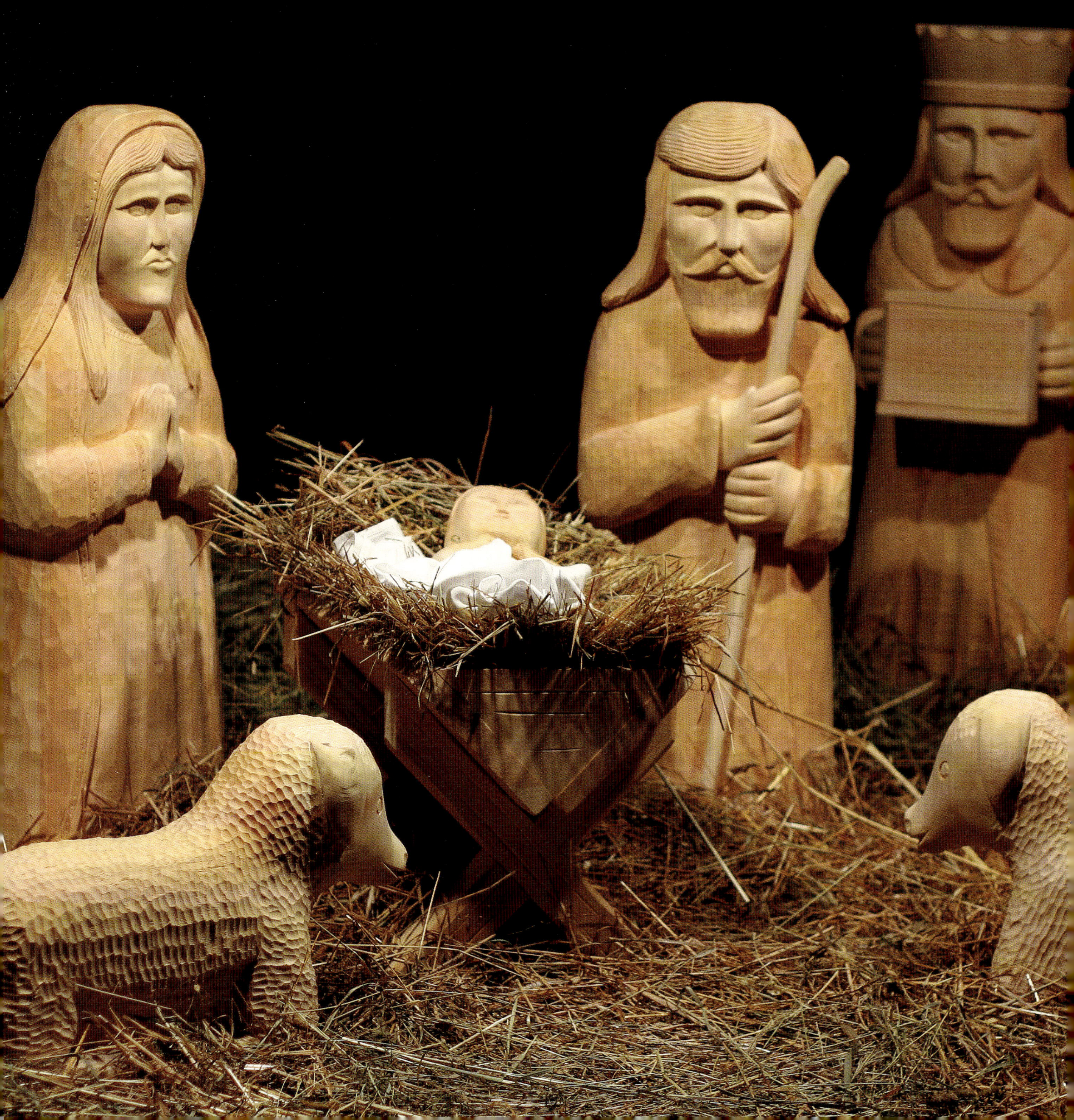

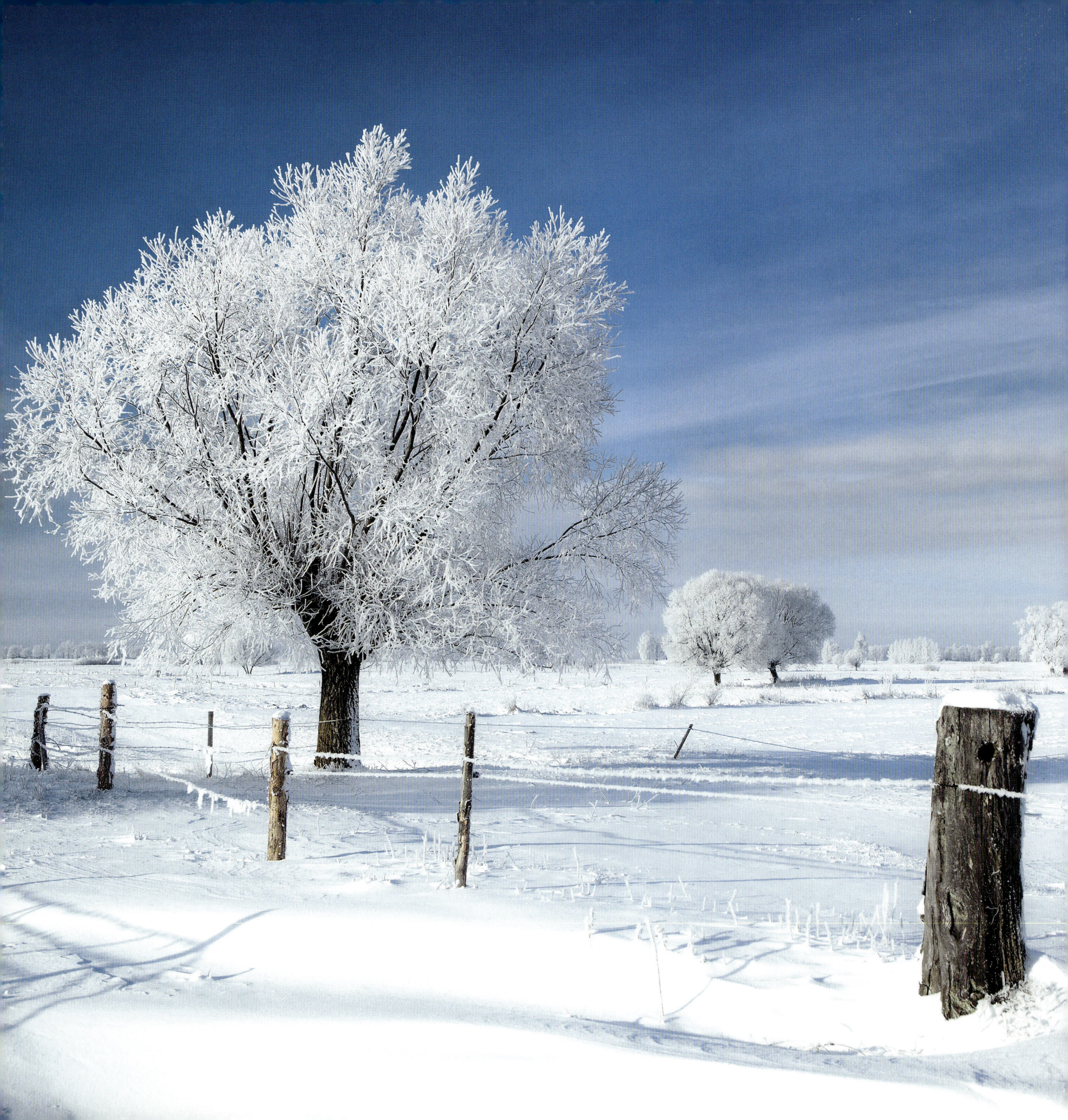

Meine Welt, deine Welt

Meine Welt:
Tretmühle des Chaos,
mit dem Alltag ringen, nach Luft schnappen,
was als Erstes anpacken?
Das weinende Kind, die untröstliche Frau am Telefon,
Pflanzen nicht gegossen, Herd klebrig,
jammernde Stimmen, wohin ich mich auch wende,
Probleme, für die ich keine Lösung habe.

Missmut in Großformat auf Glanzpapier und vierfarbig,
Berge von Erwartungen und kein Dankeschön,
überall Kalkül, Gerangel um Macht,
kalte Blicke, frostige Launen,
bis ich nicht mehr kann,
der Kopf hämmert, die Seele erstarrt,
ich ergreife die Flucht
in deine Welt.

Ein Kunstwerk in Weiß.
Felder und Bäume geschmückt mit Kristallen,
endlose, schweigende Weite unter einem Panorama von Azur,
so viel Blau, so tief, ich kann es kaum ertragen.
Bäume, majestätisch und still,
nicht steif oder leblos, nur ehrfurchtsvoll
mit Girlanden von Eiszapfen festlich behängt.

Deine Klänge,
irgendwo unter dem Eis plätschert ein Bach
wie eine Engelsmelodie
und flüstert Frieden in ein müdes Herz.
Sonst nur Stille, gedämpfte Stille,
aber eine gefüllte, eine gespannte Stille, voller Erwartung,
denn irgendwo hier bist du,
mitten in deiner Welt.

*Wenn ich anschaue deinen Himmel, deiner Finger Werk, den Mond und die Sterne,
die du bereitet hast: Was ist der Mensch, dass du sein gedenkst, und des Menschen Sohn,
dass du dich um ihn kümmerst? Denn du hast ihn wenig geringer gemacht als Engel,
mit Herrlichkeit und Pracht krönst du ihn.*

Psalm 8,4-6

Ich sehe dich mit Freuden an

*Ich sehe dich mit Freuden an
und kann mich nicht sattsehen;
und weil ich nun nichts weiter kann,
bleib ich anbetend stehen.
Oh dass mein Sinn ein Abgrund wär'
und meine Seel' ein weites Meer,
dass ich dich möchte fassen.*

Paul Gerhardt, 1653

„Ich sehe dich mit Freuden an ..."
Ein neugeborenes Kind in einer Futterkrippe vor 2000 Jahren ... „mit Freuden" ansehen? Woher das Hüpfen im Herzen, das aufsteigende Gefühl von Glück, von Erleichterung? Woher die Ahnung, dieses Ereignis habe doch ganz entscheidend mit mir zu tun – ein Ereignis, das die Weltgeschichte überspannt, jenseits von Zeit und Kultur? Diese bescheidene Kulisse, fernab vom Rampenlicht, am Stadtrand eines Dorfes in der Provinz: Ausgerechnet hier findet der Schöpfer der Galaxien seinen Landeplatz. Doch es ist meine Welt, meine unauffällige, ach so durchschnittlichen Welt – am Rand des Universums, dort, wo Fenster zu putzen sind, wo es gerade eine Steuererhöhung gab, wo Tränen fließen. Das Holz einer Futterkrippe. Nicht Gold, nicht edle Bausubstanz. Einfaches Holz.

„... und kann mich nicht sattsehen;"
Denn die Geschichte ist zu gut, um wahr zu sein. Ich habe Angst, dass die Begegnung zu schnell zu Ende gehen könnte. Ist mein Leben nicht zu schäbig, zu unwichtig für ihn? Aber er bleibt in meiner Welt. Ein Neun-bis-sechs-Arbeitstag, damals wahrscheinlich mehr. Rechnungen, Kunden, eine Familie. Das Holz der Arbeitsstube. Nicht geschliffen, furniert oder fein gemacht. Einfaches Holz.

„... und weil ich nun nichts weiter kann, bleib ich anbetend stehen."
Denn die Sache hält mich in ihrem Bann. Er teilt nicht nur meinen Alltag. Er begibt sich mit festem, entschlossenem Schritt, bewusst und absichtlich, auf die Schattenseite des Lebens, freiwillig. Ablehnung, Spott, Tränen, Verrat. Alles mündet in die schlimmste körperliche Qual, die ein Mensch nur erleiden kann. Das Holz eines Foltergeräts, rau, voller Splitter, blutgetränkt.

Wegen mir. Wenn es eine Liebe gibt, die ein suchendes Herz ein Leben lang zu sättigen vermag, dann diese. Hier werde ich mein Zelt aufschlagen und anbetend stehen.

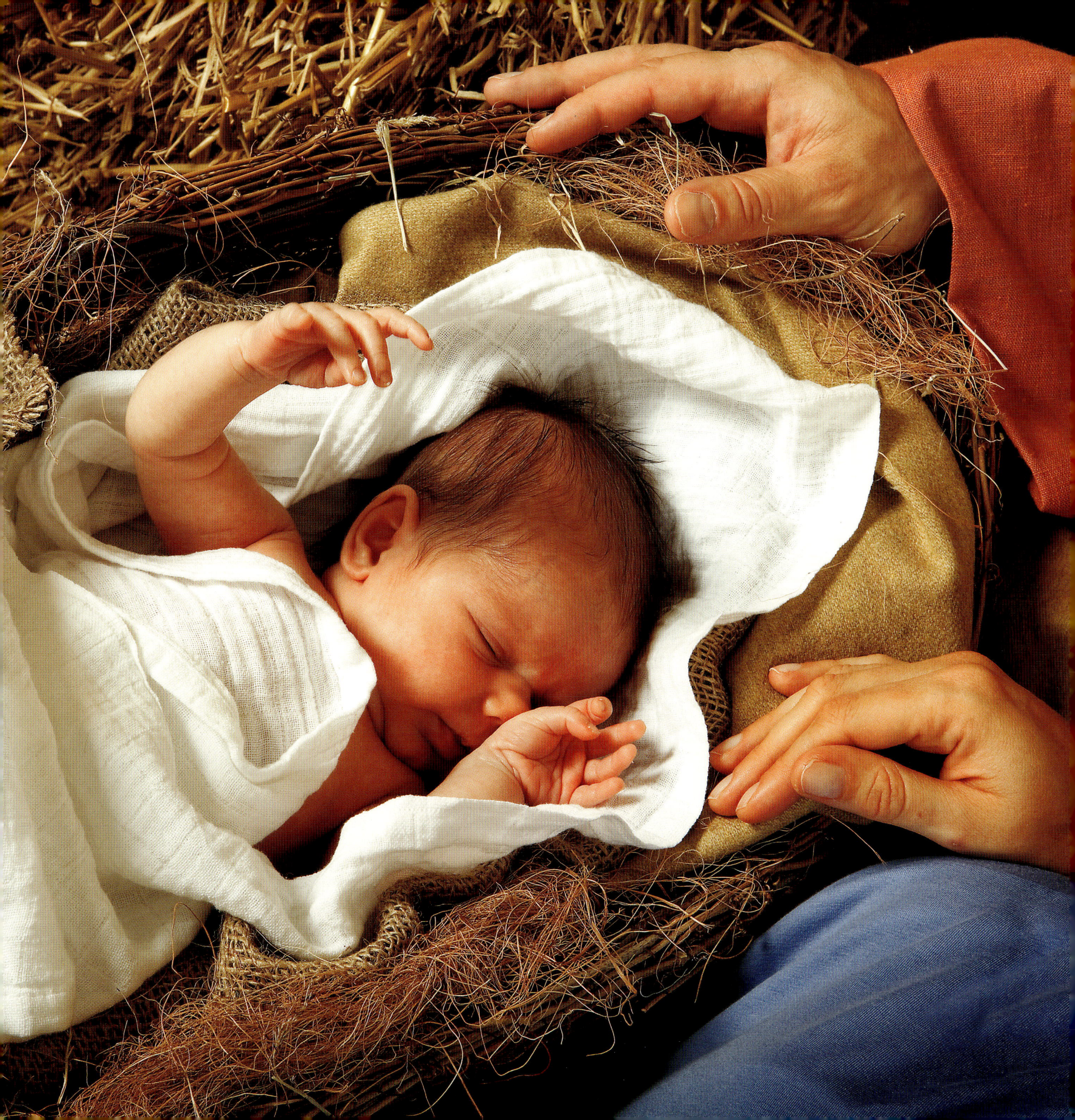

Die neue Puppe

Der Heilige Abend. Meine Tochter bekommt eine neue Puppe. Ganz begeistert ist sie, völlig vernarrt in ihre neue Spielkameradin. Beinahe beneide ich sie etwas um ihr unbeschwertes Glück, darum, dass sie alles um sich herum vergessen kann, sich so sehr über ein einziges Geschenk freut, den Moment ganz und gar genießen kann. Meine Gedanken wandern für einen Moment zurück zu einem anderen Weihnachtsfest vor vielen Jahren, als ich selbst noch ein Mädchen war …

Sie ist genau so, wie ich sie mir vorgestellt hatte. Große Kulleraugen, eine Stupsnase mitten im Gesicht, sogar Sommersprossen hat sie. Und goldene, glänzende Locken, wie ich sie so gerne auf meinem eigenen Kopf hätte. Ein Grübchen auf der linken Seite ihres Mundes – das ist das Allerschönste. Ich wollte schon immer eine Puppe mit einem Grübchen.
„Als ich den viereckigen Karton gesehen habe, dachte ich sofort, dass du es sein könntest", flüstere ich in ihr Ohr, während ich ihr über den samtweichen, rosaroten Puppenstrampler streichele und sie fest an mein Herz drücke.
„Und du siehst tatsächlich wie eine Emma aus, denn so sollst du heißen. Das war nämlich dein Name, schon bevor ich wusste, dass es dich gibt."

Abends am offenen Fenster in meinem Kinderzimmer ist Weihnachten am schönsten. Die Festlichkeiten des Heiligen Abends sind vorbei, aber das fröhliche Miteinander klingt in den Ohren noch nach. In der Küche wird abgespült und geplaudert. Reste von buntem Papier und Geschenkband liegen im Haus herum. Unten werden Sektflaschen geöffnet. Ich muss nicht mehr dabei sein. Denn ich habe Emma.

Ich blicke noch einmal in ihre tiefen blauen Augen und dann zurück in die Endlosigkeit eines frostigen, winterlichen Sternenhimmels. Die Wolldecke ziehe ich enger um mich. Ich hole tief Luft. Und fange an, Glücksgefühle und die frischen Eindrücke des Abends in Träume zu verwandeln. Die glitzernden Kugeln des Weihnachtsbaums, der Duft des Gänsebratens und der gerösteten Mandeln, das Rascheln des Geschenkpapiers, die Farbenpracht der Schleifen, der Geruch von Kerzenwachs, das Lachen und Singen: Alles klingt in mir nach, während ich meiner Puppe von den Abenteuern erzähle, die wir miteinander erleben werden, von den spannenden Reisen, die wir machen werden. Vom Übernachten im Sommer im Baumhaus, vom Versteckenspielen in Höhlen, von Geschichten, die wir erfinden werden, von Liedern und Gedichten, die wir schreiben werden, von den traurigen Menschen, die wir trösten werden. „Du und ich, wir werden die Welt im Sturm erobern", flüstere ich ihr noch einmal ins Ohr.

Ich genieße einen kurzen Moment lang die Spannung, die eiskalte Luft, die Wonne des Heiligen Abends.
„Und jetzt gehen wir schlafen, Emma." Ich lege sie neben mich auf das Kopfkissen.
Das Fenster ist zu, das Nachttischlämpchen ausgeschaltet; wir kuscheln uns in meine Bettdecke. Im Halbschlaf schon versunken, höre ich die Schallplatte unten, ein Knabenchor singt „Stille Nacht". Durch die halboffene Tür rieche ich Kerzen.

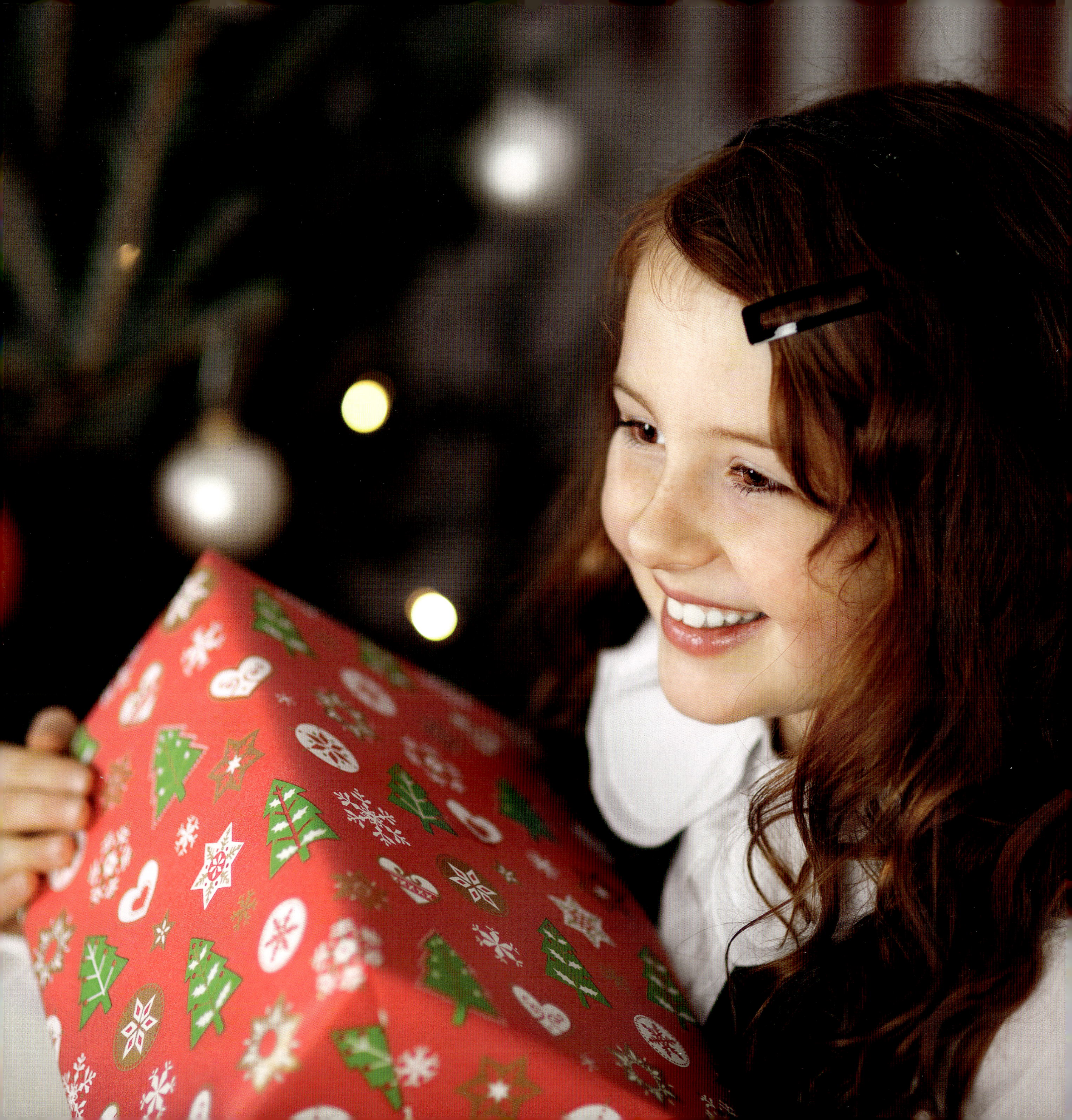

Immerzu „Stille Nacht"

„Schlaf in himmlischer Ruh …"
klingt in der kindlichen Seele nach, die noch nicht recht weiß, was sie singt. Unschuldig, unbeschwert und von Leid noch nicht berührt. Eine geräuschlose, sanfte Szene, staunende Blicke, leuchtende Augen. Der Zauber eines Märchens, das wahr wurde, gemischt mit Träumen von neuen Spielsachen und dem Duft von Lebkuchen.

„Schlaf in himmlischer Ruh …"
dringt in die turbulenten Träume der Jugend hinein, in denen erste Utopien bereits wieder in Trümmern liegen, Herzen gebrochen wurden. Quälende Fragen – „Wer bin ich? Bin ich so gut wie die anderen?" – plagen eine noch ungeformte Seele. Alles Mögliche herrscht, nur nicht himmlische Ruh'. Trotzdem stillhalten in Ehrfurcht. Die Unbeschwertheit der Kindheit noch einmal spüren. Die Einladung nach Bethlehem. Friede kehrt wieder ein.

„Schlaf in himmlischer Ruh …"
findet seinen Weg in die hektischen Sorgen des Erwachsenseins hinein. Plätzchen backen, Oma holen, putzen, Geschenke einpacken, nochmals putzen, den Arztbesuch hinter sich bringen, einkaufen, die Sorgen, die Rechnungen, die Kollegen, das Gefühl, verbraucht zu sein, die ewige Müdigkeit. Stillhalten. Noch einmal Kind sein, nur kurz. Schnell nach Bethlehem. Ein Blick in die Krippe. Noch einmal die Leichtigkeit, die Vorfreude, der Zauber.

„Schlaf in himmlischer Ruh …"
singt sich in die Schicksalszeit hinein. Vorrückende Jahre, Gebrechlichkeit, Verlust, Trauer, bohrende Ungewissheit. Loslassen. Vergangenen Freundschaften nachtrauern. Und die qualvolle Frage: Wie wird alles enden? Wird es wehtun? Was kommt danach? Die Melodie, die mich zurück nach Bethlehem zieht. Jesus schläft. Der, der Mensch wurde, damit ich nicht alleine durch dieses Leben gehen muss. Mit himmlischer Ruhe begann die Geschichte, mit himmlischer Ruhe wird sie enden, auch meine Geschichte.

Es gibt einen Winkel in meinem Herzen, der seit meiner Kindheit nur diesem Lied gehört. Dort werden die kindlichen Empfindungen des ersten Weihnachtszaubers sorgfältig gespeichert. Jedes Mal, wenn die Melodie erklingt, füllt sich dieser Winkel mit Leben, und ich bin wieder ein Kind. Unbeschwert, unschuldig, vom Leid unberührt. Staunend neben der Krippe.

Gerade der schwächste Mensch
darf die größte Hoffnung
auf die größten Gnaden haben,
weil sich Gott dem Elend
der Menschen anpasst.
Therese von Lisieux

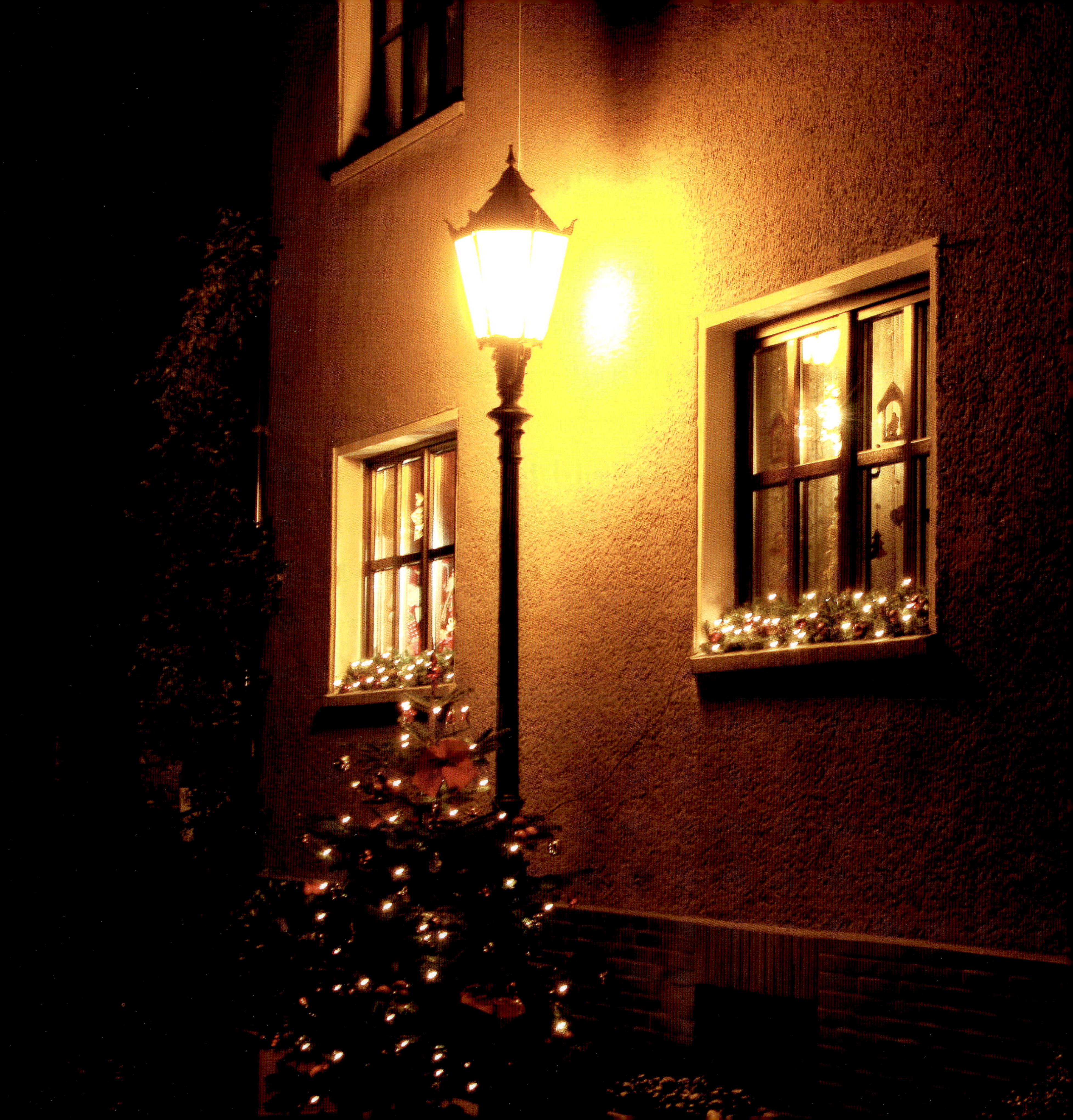

Während also die Theologen in ihren Betten schliefen, die Vornehmen träumten und die Tüchtigen schnarchten, knieten die Willigen nieder.

Max Lucado

Das erste Weihnachtslied

*Meine Seele erhebt den Herrn,
und mein Geist hat gejubelt über Gott,
meinen Retter.
Denn er hat hingeblickt auf die Niedrigkeit
seiner Magd; denn siehe, von nun an
werden mich glückselig preisen alle
Geschlechter.
Denn Großes hat der Mächtige an mir
getan, und heilig ist sein Name.
Und seine Barmherzigkeit ist von
Geschlecht zu Geschlecht über die,
welche ihn fürchten.
Er hat Macht geübt mit seinem Arm:
Er hat zerstreut, die in der Gesinnung
ihres Herzens hochmütig sind.
Er hat Mächtige von Thronen hinab-
gestoßen und Niedrige erhöht.
Hungrige hat er mit Gütern erfüllt und
Reiche leer fortgeschickt.
Er hat sich Israels, seines Knechtes,
angenommen; um der Barmherzigkeit
zu gedenken – wie er zu unseren Vätern
geredet hat gegenüber Abraham und seinen
Nachkommen in Ewigkeit.*

Lukas 1,46-55

Eines der bekanntesten Gedichte aller Zeiten wurde von einer jungen Frau aus dem Stegreif verfasst, die wahrscheinlich weder lesen noch schreiben konnte. Als dieser Ausbruch spontaner Freude frei aus ihrer Seele floss, ohne Skript, ohne Noten, ohne Plan, wäre sie nie darauf gekommen, dass Dichter, Literaten, Komponisten und Künstler in ihren Worten eines Tages den Stoff für legendäre Meisterwerke finden würden.

Aus der Fülle des Herzens fließt der Mund über, sagte später ihr Sohn. Das, was bewahrt wurde, das, womit ein Mensch sich schon lange innerlich beschäftigt, ist das, was vor allem in Grenzsituationen sichtbar wird. Und die Begegnung zwischen Maria und Elisabeth, aus der dieses Lied stammt, war so eine Grenzsituation.

Drei ganze Monate blieb Maria bei ihrer Verwandten. Warum hat sie sie überhaupt besucht? Die Reise von Nazareth in das judäische Gebirge war lang und nicht ungefährlich. Sie war schwanger. Wollte sie dem Dorfgeplauder, den kritischen Blicken entfliehen? Den düsteren Vorahnungen in ihrem eigenen Herzen, dass ihr Leben nie wieder so sein würde wie bisher? Durchatmen, Kraft und Solidarität bei Freunden suchen, die wussten, wie es ist, wenn ein Engel vorbeischaut und mit einer kurzen Mitteilung ihr ganzes Leben auf den Kopf stellt?

„Gesegnet bist du unter den Frauen!", rief Elisabeth aus. Diesen Gruß kannte Maria. „Begnadete, der Herr ist mit dir!", hatte der Engel Gabriel verkündet. Etwas wurde in ihr freigesetzt, löste sich. Jede Ungewissheit wich. Sie sah den Heilsplan Gottes wieder vor ihren Augen. Das große Bild, ihre Rolle darin. Die Worte sprudelten und flossen.

Der andere Weg

*Die Magier zogen auf einem
anderen Weg hin in ihr Land …*
Matthäus 2,12

Welche Alternative gab es denn? Nach einer Begegnung mit dem Christus ist es schwierig, „auf dem gleichen Weg" wieder davonzuziehen. Geografisch gesehen ist es vielleicht möglich. Aber innerlich nicht. Wer ein paar klassische „Vorher und nachher"-Geschichten kennenlernen will, braucht nur einen kurzen Blick in die Bibel zu werfen.

Maria und Josef. Vorher der vorgezeichnete Weg der ländlichen Bürgerlichkeit. Beruf, Arbeit, Familie. Christus zieht ein. Nachher: unbändiges Staunen, Ungewissheit, Gefahr, Verfolgung.

Die Hirten auf dem Felde. Vorher Furcht und gehetzte Anspannung auf dem Weg nach Bethlehem. Nachher „priesen und lobten sie Gott für alles, was sie gehört und gesehen hatten".

Der habgierige Zollbeamte Matthäus. Vorher: mit eiskaltem Kalkül Geld scheffeln, arme Bürger über den Tisch ziehen. Sein Lieblingshobby: die Optimierung seines Lebensstandards auf Kosten anderer. Ein knappes „Folge mir nach!" aus dem Mund Jesu. Danach lässt er alles liegen und hängt sich an den Sohn Gottes.

Es nimmt kein Ende. Vor allem die Liste derer, die gebeugt, krank, blind, lahm, ja sogar tot in die Gegenwart Jesu getragen werden und hüpfend, schreiend, lobend wieder nach Hause gehen oder gar nicht mehr nach Hause gehen möchten, weil sie sich von ihm nicht mehr trennen wollen.

Der „andere Weg" ist allerdings nicht immer mit Blumen bestreut. Der reiche Jüngling kommt voller Erwartung, geht aber traurig davon. Er will den Preis nicht bezahlen. Es genügt, den Namen Jesus nur zu nennen, und König Herodes gerät in unkontrollierte Rage. Die Pharisäer fürchten um ihre Macht und schlagen um sich.

Auf einem anderen Weg wirst auch du nach einer Begegnung mit dem Christus, der an Weihnachten auf diese Erde kam, in „dein Land ziehen". Auf welchem – das ist deine Entscheidung.

*Das größte Glück besteht wohl darin,
in Jesus Christus etwas zu finden,
was einem noch wichtiger wird
als das eigene Glück.*
Hans-Joachim Eckstein

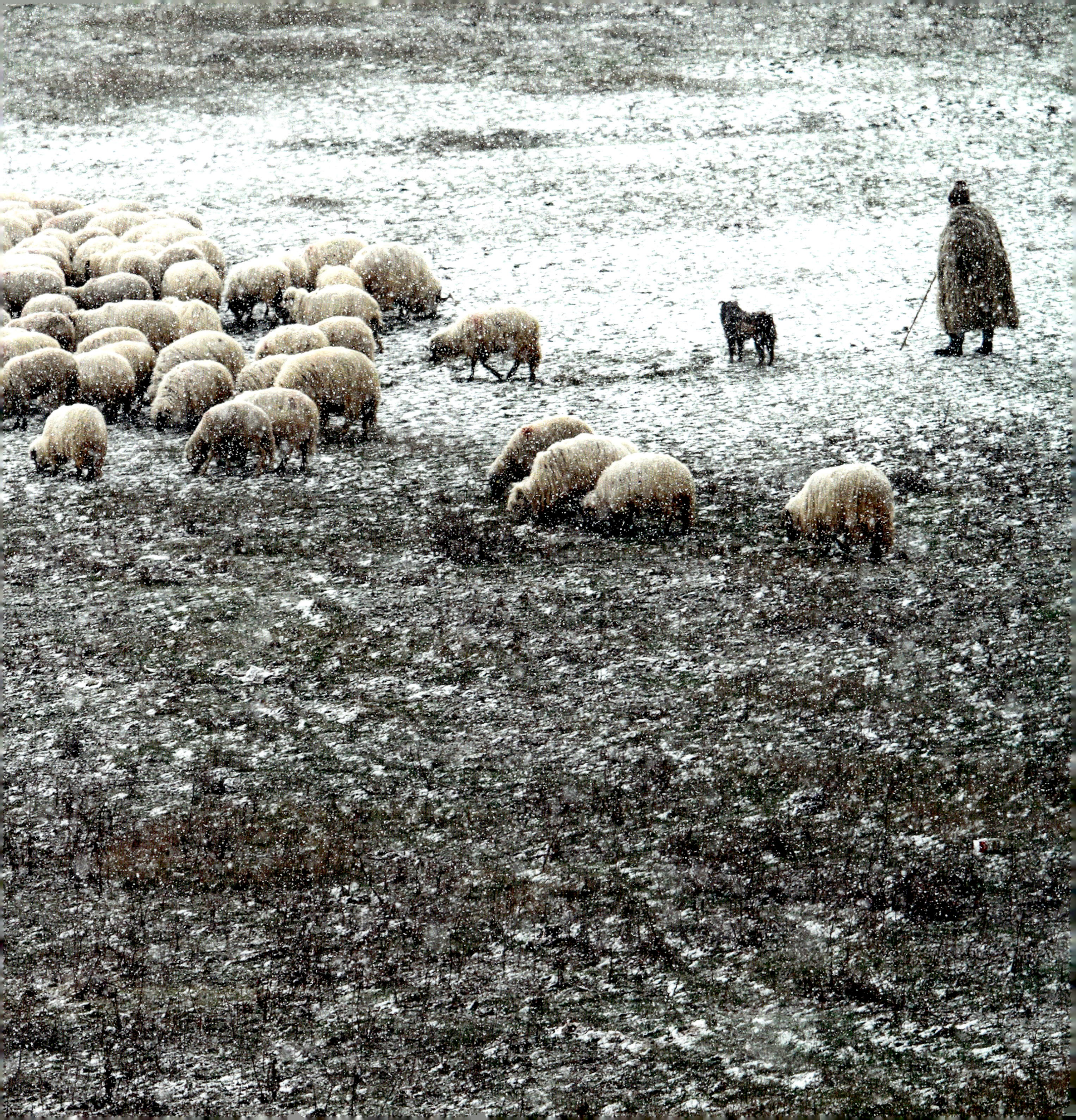

Die angemessene Reaktion

Und die Weisen fielen nieder und huldigten ihm …
Matthäus 2,11

Eines erkannten die Weisen: Es gibt nur eine angemessene Reaktion auf das, was im Stall von Bethlehem passiert. Anbetung.

Man kann nur vermuten, dass die gelehrten Männer sich im Lauf der Reise mit vielen Themen beschäftigt hatten. Philosophische und religiöse Fragen, die sie stellten, Informationen, die sie mit nach Hause nehmen wollten, Erkenntnisse und Weisheiten unterschiedlichster Art. Notizblöcke und Stifte lagen sicher bereit. Bis sie ihn sahen.

Sie wussten nichts von der Hoffnung eines Paulus, „im Schauen seines Angesichts von Herrlichkeit zu Herrlichkeit verwandelt" zu werden. Sie wussten auch nichts von Propheten, Sehern und Gelehrten der Vergangenheit, die in die Mysterien Gottes Einblick erhielten und in schweigsamer, manchmal erschrockener Ehrfurcht auf die Knie sanken.

Es war auch nicht nötig. Denn genau das erlebten sie. Auch sie verloren sich in dem, was größer war als sie selbst. Hier war kein Platz für Selbstbezogenheit, für eigene Agenden und das Hadern mit dem eigenen Schicksal. Liegt vielleicht gerade hier der Schlüssel für irdisches Glück?

Ich höre auf, mich nach dem eigenen Glück auszustrecken, und finde etwas Besseres – weil mein eigenes Glück vor lauter Suchen nach Gott nicht mehr mein oberstes Ziel ist. Ich kreise nicht mehr um mich, sondern beschäftige mich mit ihm, bestaune ihn, bis der Grundtenor meines Lebens auf einen einzigen inneren Gemütszustand reduziert ist: „in Christus". Ist das nicht genau das, was Jesus meinte, als er später sagte. „Trachtet aber zuerst nach dem Reich Gottes und nach seiner Gerechtigkeit, und dies alles wird euch hinzugefügt werden" (Matthäus 6,33)? Wir suchen den Christus, übergeben ihm die Verantwortung für unser eigenes Wohlergehen – und stellen fest, dass er viel besser dafür sorgen kann als wir selbst. Die Bibel nennt das „Anbetung".

Das Publikum des ersten Weihnachtsfestes bestand aus Verehrern und Genießern. Nicht aus Bittstellern, Theologen, Akademikern, Politikern oder Forschern. Auch heute sucht Gott Anbeter, „die ihn in Geist und Wahrheit anbeten" und sich dadurch mitten in der Flüchtigkeit und Unberechenbarkeit dieses Lebens mit Gottes Unvergänglichkeit einsmachen. Anbeter, die ihr Leben auf die unerschütterlichen Grundfesten seines Charakters statt auf die Launen menschlicher Emotionen bauen. Denn er ist derselbe – „gestern, heute und in alle Ewigkeit".

Wer nach dem Himmel strebt, dem wird die Erde „in den Schoß fallen";
wer nach der Erde strebt, dem gehen sowohl Himmel wie Erde verloren.

C.S. Lewis

Und die Welt kannte ihn nicht

Vielleicht war einfach zu viel Alltagskram in der Geschichte drin. Klar wollten wir dich. Den Retter, der seit Jahrhunderten versprochen war, der uns aus der mühsamen Tretmühle der Wäscheberge, mürrischen Verwandten und jammernden Kinder herausholt und uns ein paar Träume erfüllt. So wie die gute Märchenfee mit dem Zauberstab, die Aschenputtel in eine goldene Kutsche setzt, oder, in der modernen Variante, Herrn Müller von der Fabrik nebenan auf den roten Teppich hebt und zum Superstar macht. Das hätte dich nur ein Fingerschnipsen gekostet.

Genau so eine Aura hattest du um dich, zumindest am Anfang. Du warst die erste Adresse der Stadt. Noch ein kleiner Schubs, dann wäre das ganze Aufgebot vorhanden gewesen – Autogrammstunde, Bodyguards, Galastimmung, „Hosianna" in Dauerbegleitung als begeisterter Sprechchor. Ich wäre dabei gewesen. Der Himmel auf Erden – wenn einer es geschafft hätte, dann du.

Und dann der Skandal. Du wagst es, unsere Träume zu sabotieren. Du blickst in die Welt des Glamours. Dir werden die Königreiche der Erde angeboten. Als Gegenleistung nur ein kleiner Hofknicks vor dem Gastgeber, reine Formsache. Und du machst auf dem Absatz kehrt und marschierst in die andere Richtung, fängst an, deinen eigenen Abstieg zu inszenieren. Statt in den vornehmsten Palästen suchst du Anhänger in den Armenvierteln. Du könntest den höchsten Sitz im Parlament haben, hockst stattdessen bei den Kindern. Alles, worum ein normaler Mensch ein Leben lang wetteifert – dir lag es zu Füßen.

Wenn das nach deinem Geschmack ist, dann in Ordnung. Aber dass du deine Freunde aufforderst, den gleichen Weg zu gehen, das trotzt doch jedem gesunden Menschenverstand. Das war wohl das Missverständnis, das wir dir nicht verzeihen können.

Deswegen haben wir den Weihnachtsmann eingeführt, der unsere Wunschzettel nicht mit Verachtung zur Seite legt. Das raue Holzstück, das du auf deinen Schultern getragen, an dem du dein schändliches Ende gefunden hast, haben wir geschliffen, damit es keine Splitter mehr hat, mit Gold verkleidet, mit Blumen geschmückt und hoffähig gemacht. Das Blut beseitigt. Eine Kerze auf jeder Seite. Die peinlichen Anfänge in der Futterkrippe haben wir mit Engeln versüßt, die Kuhfladen weggespült, den Hirten feierlich-andächtig die Hände gefaltet, dich geschminkt, verniedlicht, gepudert und auf Postkartengröße verkleinert.

In dieser neuen Aufmachung kommen wir mit dir besser klar. Du kommst in die Welt und wir erkennen dich sehr wohl. Du kommst in das Deine und die Deinen haben endlich einen Gott, den sie voll im Griff haben.

Er war in der Welt, und die Welt wurde durch ihn, und die Welt kannte ihn nicht.
Er kam in das Seine, und die Seinen nahmen ihn nicht an.

Johannes 1,10

Die anderen Augen

*Ich rate dir, von mir im Feuer geläutertes Gold zu kaufen ...
und Augensalbe, deine Augen zu salben, damit du siehst.*

Offenbarung 3,18

Die Dinge im Leben, die Gott anhaucht und berührt, sind oft so alltäglich und normal, dass wir in der Gefahr stehen, sein Wirken zu übersehen. Gänsehauterfahrungen gehören nicht unbedingt zu seinem Programm. Aber Augen, die hinter die Fassade des Sichtbaren und Tastbaren dieser Welt sehen können, die hat er uns angeboten.

In fünf Broten und zwei Fischen
eine Mahlzeit für 5000 Menschen zu sehen.
In einem einfachen Hirtenstab die Vollmacht,
ein Meer zu spalten.
In einem letzten Krug Öl
die Überlebensgarantie für eine lange Hungersnot.

In einem hilflosen Baby den Retter der Menschheit. Im Geschehen im Stall von Bethlehem ein kosmisches Ereignis, das die Weltgeschichte in zwei Epochen teilt. In der gequälten, blutüberströmten Gestalt, die am Kreuz hängt, den Herrn des Alls, der den Sieg über den Tod und die Hölle für alle Zeiten vollbracht hat.

*Ist etwas töricht, ist es klein
und schwach in unsern Augen,
so pflegt es groß vor Gott zu sein
und kann ihm etwas taugen.*

Jakob Friedrich Klemm

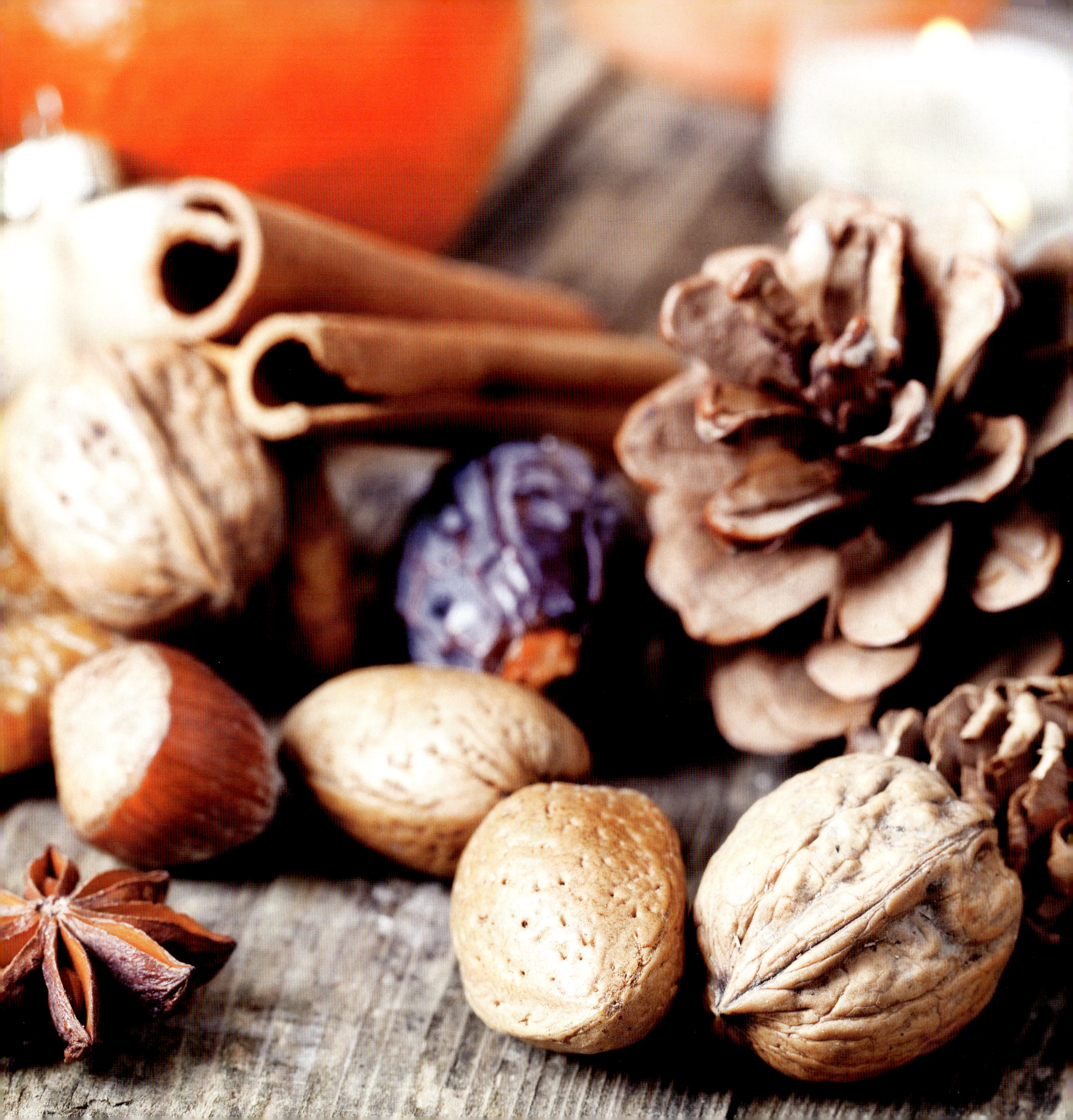

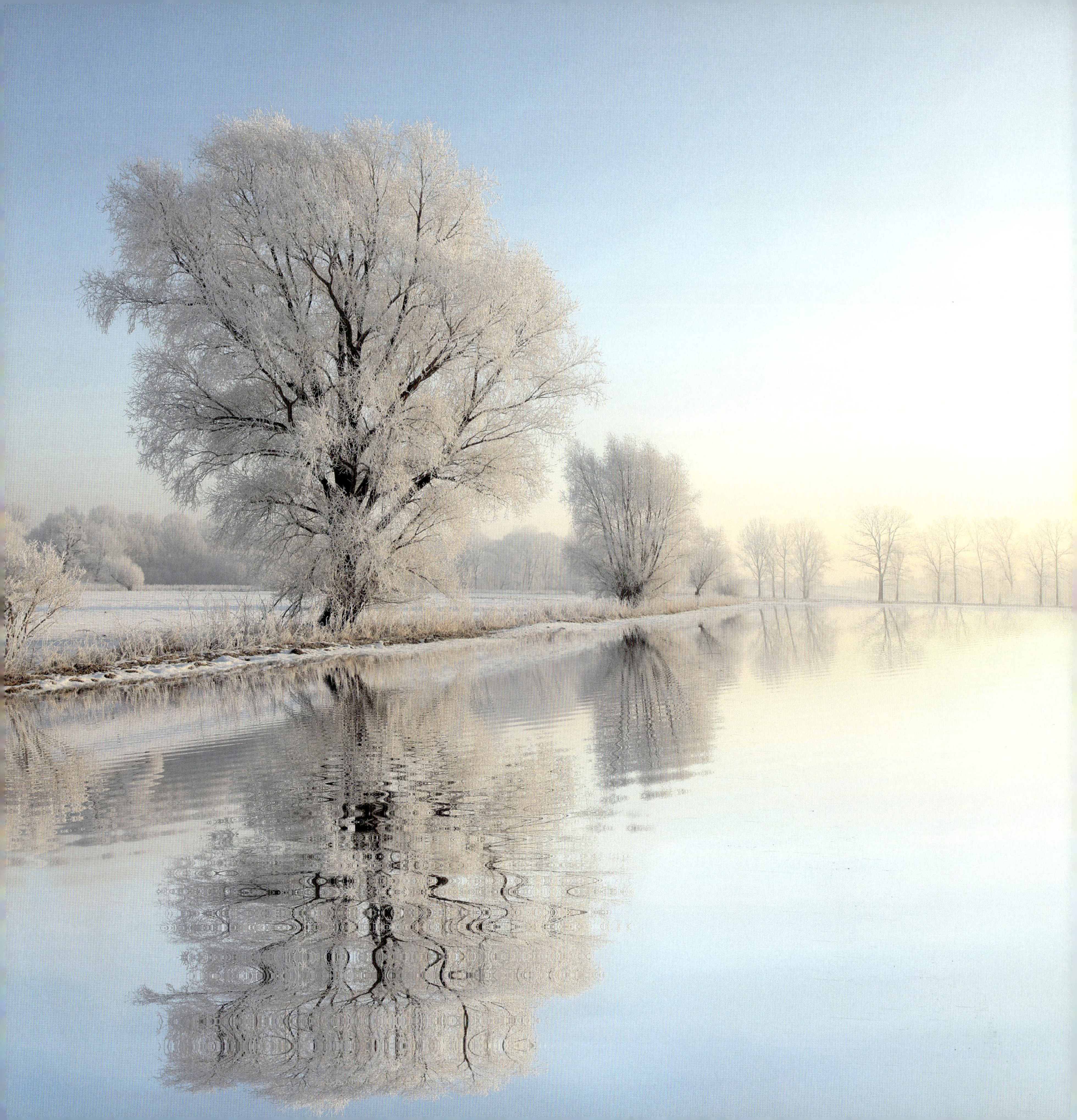

Fenster zum Himmel

In Frost gehüllt, in gespenstiger Stille, fest in den blauen Himmel eingefroren. Ein glitzernder Kranz von Eiszapfen hängt vom untersten Ast. Ein Tümpel, ganz ruhig liegt er da. Der Schnee funkelt blendend weiß, wie ein Meer von Kristallen. Das Ganze wirkt so unsterblich, unveränderlich, so ... still. Nicht nur von oben beleuchtet, sondern auch von innen, von unten, mit einem Licht, das lebendig ist. Hat diese Landschaft jemals anders ausgesehen? Gibt es so etwas wie eine grüne Wiese, raschelnde, schimmernde Blätter, plätscherndes Wasser, das im Tümpel sprudelt, Frösche, die ans Ufer springen? Ich darf ihn erleben: einen Moment direkt aus der Ewigkeit, eingefangen in unserer Zeit.

Ja, ich will ihn festhalten. Mich mit allen meinen Sinnen nach diesem flüchtigen Strahl von Herrlichkeit ausstrecken, ihn einfangen, ihn in die Kulisse meiner Seele einfrieren. So etwas wie ein inneres Bilderbuch anlegen. Und jedes Mal, wenn das Fenster zum Himmel kurz, unverhofft geöffnet wird, werde ich wieder anhalten, staunen, danken und den Augenblick mit meinen inneren Augen festhalten. Und wenn die Dunkelheit wieder einzieht, wenn eine Schwere sich auf meine Seele legt, diese Welt wieder laut wird und mich überwältigt, bedrückende Einsamkeit über mich kommt, dann hole ich meine Bilder hervor, bestaune sie erneut, träume vom Himmel, zehre von dem unvergesslichen Zauber dieses wundervollen Moments.

Auch hier unten auf Erden dient
und muss alles dienen
zur Verherrlichung
und zur Ehre des Schöpfers.
Ludwig Hofacker

Schlaflied für einen Fürsten

Schlaf, kleines Kind, schlaf sanft und still in meinem Arm …
Unruhe breitet sich aus im Land,
die Mächte der Finsternis
verschwören sich schon gegen dich,
ein grausames Schwert in ihrer Hand.

Schlaf, kleines Kind, die Welt ist kalt, die Menschheit blind,
der Trost meiner Arme bald dahin.
Die Feinde stehen schon vor unsrer Tür,
den Dolch geschärft in ihrer Hand,
sie schreien: „Kreuzige, kreuzige ihn!"

Aber ich bete dich an,
mein Herz ist voller Dank
für das Wunder, das hier geschieht.
Der Herrscher des Alls zieht bei uns ein,
verschenkt sein Leben an uns.

Und so schlaf, kleiner Friedefürst,
Ratgeber wunderbar, Herr aller Mächte!
Die Welt schreit laut nach der Liebe,
die nur du alleine geben kannst,
du Wunder von Bethlehem!

Du fragest nicht nach Lust der Welt
noch nach des Leibes Freuden.
Du hast dich bei uns eingestellt,
an unserer Statt zu leiden,
suchst meiner Seele Herrlichkeit,
durch Elend und Armseligkeit.
Das will ich dir nicht wehren.

Paul Gerhardt, 1653

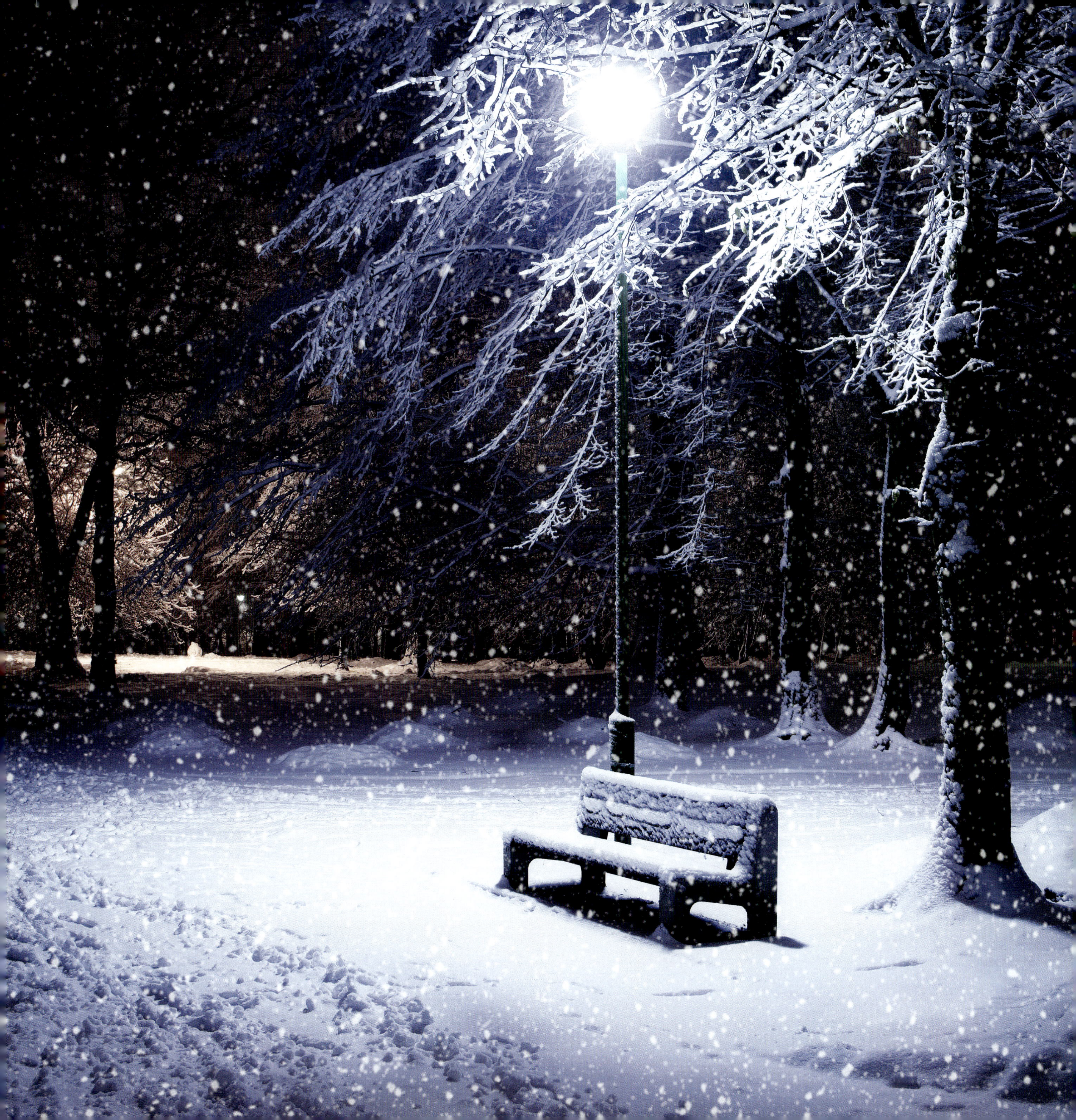

Und das Licht scheint in der Finsternis,
und die Finsternis hat es nicht erfasst.

Johannes 1,5

Das Licht im Fenster

Auf jedem Weihnachtsmarkt bleibe ich dort stehen: an dem Stand, an dem die kleinen Häuser verkauft werden, in die man ein Teelicht stellen kann. Ich habe drei davon bei mir zu Hause. Sie sind Teil eines festen Rituals geworden: ein ruhiger Abend, leise Weihnachtsmusik, gelöschtes Licht, eine warme Wolldecke und heißer Tee – und meine drei Häuschen, erleuchtet von den Teelichtern. Das eine der Häuser ist weiß, mit goldumrahmten Fensterchen. Vom Flohmarkt. Das zweite war ein Mitbringsel von einer Freundin, ist grün und hat einen Schornstein. Das dritte ist eine runde Hütte aus Ton, handgemacht, mit Gitterfenstern. Es war in der Schule nach dem Adventsfest übrig. Eigentlich passen sie gar nicht zusammen, aber im Dunkeln fällt das nicht auf. Nur das Schimmern in den Fenstern ist sichtbar.

Ich blicke in die drei beleuchteten Fenster. Wie von ganz allein vergesse ich alles um mich herum und befinde mich plötzlich ganz woanders. Ich stolpere durch Nebel und Finsternis, durch eine eiskalte, schneebedeckte, verlassene Wüste, und sehe auf einmal ein zartes Licht am Horizont. Meine schwindende Kraft richtet sich nur auf das eine Ziel: das Licht zu erreichen, bevor es zu spät ist. Der Weg ist lang, endlos lang. Der Wind peitscht um mich herum. Schneeregen fällt. Solange ich das Licht sehen kann, habe ich noch Hoffnung. Es leuchtet in einem Fenster. Ich komme näher. Endlich erreiche ich das kleine Haus. Gerade genug Kraft habe ich noch, um zu klopfen, dann sinke ich zu Boden.

Eine warme, feste Hand zieht mich sanft durch die Tür. Ein Feuer brennt im Kamin. Mein zitternder, schluchzender Körper wird in eine warme Decke eingewickelt, ich werde gehalten, beruhigt. Es duftet nach heißer Schokolade, nach Toast mit Butter. Nach der Liebe einer Mutter. Ich bin endlich zu Hause.

Wird der Tod so ähnlich sein? Die Ankunft in der Ewigkeit?

Ich bin das Licht der Welt;
wer mir nachfolgt,
wird nicht in der Finsternis wandeln,
sondern wird das Licht des Lebens haben.

Johannes 8,12

Das Wunder, das nicht so aussah

33 Jahre später. Die rustikale Folklore von dem Kind aus Bethlehem, dem von gelehrten Magiern gehuldigt wurde, sorgt erst seit drei Jahren wieder für Gesprächsstoff. Jetzt wird er aber nicht mehr von hohen Herren verehrt.

Der beiläufige Passant seufzt lediglich, murmelt: „Ach, diese Römer …", und will seinen Weg fortsetzen. Hinrichtungen auf der Mülldeponie außerhalb der Stadtmauer sind Routine. Schaulustige stehen schon dicht gedrängt auf der Mauer, besetzen Plätze für ihre Freunde, sie wollen nichts von dem Spektakel verpassen.

Aber dieser Mann, der seinen eigenen Kreuzesbalken schleppen muss, das kann doch nicht sein … nein, der doch nicht, der ist doch kein Verbrecher. Nicht mit dem Blick, nicht mit dem Gang.

„Wer ist der überhaupt?"

Der Passant kämpft sich durch die Menge. Er schnappt auf, was Zuschauer als Kommentare von sich geben.

„Wer er ist? Umstritten. Soll adlige Abstammung haben. Sohn eines Königs. Steiler Abstieg, was?"

„Sohn eines Königs? Sohn des Königs, meinst du! Als Sohn Jahwes hat er sich ausgegeben!" Lautes Gelächter.

Der Passant ist jetzt nahe genug. Den Bruchteil einer Sekunde lang blickt er in sein Gesicht – und erschrickt. Hinter den Schwellungen, Peitschenstriemen, hinter der zerschrammten Haut und den durchschwitzten Haaren schimmert gerade noch eine Seele. Edel, gefasst, gebrochen. Königlich.

„Es ist ein freiwilliger Ersatztod", lautet das neueste Gerücht. „Er ist unschuldig. Er will einen Freund vor der Hinrichtung retten."
Der Passant ist wie gebannt, kann sich nicht von der Stelle bewegen. Der Blick aus den geschwollenen, tränengefüllten Augen des Opfers durchbohrt seine Seele. Plötzlich schießen ihm so viele ungewollte Gedanken durch den Kopf … Die kleine Lüge gestern bei der Arbeit. Der Streit mit seiner Frau. Die Schadenfreude, als sein Rivale krank wurde. Die Hinterhältigkeit, Lästereien, lüsternen Blicke und verletzenden Worte.
„Bin ich verrückt? Das hat doch alles gar nichts mit dieser Hinrichtung zu tun." Oder?
Er folgt der gequälten Figur mit den Augen, die sich fast kriechend auf ihrer letzten Etappe dahinschleppt. Jetzt sieht man sie nicht mehr. Zu viele Soldaten.
„Das wäre mein Weg gewesen", flüstert der Passant.
Auf einmal ist es nicht mehr seine Biografie, sondern die Biografie der Menschheit, die geballte Bosheit der Jahrhunderte, die auf diesen blutüberströmten Schultern lastet. Dunkle Spuren von Mord, Vergewaltigung, Krieg, jede Facette von Lüge, Egoismus und Ungerechtigkeit.
Die Kluft zwischen Arm und Reich. Hungersnöte, Erdbeben, Tsunamis, Krankheiten, gebrochene Herzen, die eiskalte Ausbeutung der Schwachen durch die Starken".
Die Hölle jubelt.
Die Soldaten ziehen das Opfer schon aus. Der Passant will laut schreien: „Warum all dies Leid?" Wenn es eine Antwort gibt, dann hier. Sein Schrei bleibt ihm im Hals stecken.
Die Frage nach dem „Warum" ist überflüssig geworden. Dieser Mann lässt all dies über sich ergehen. Ist das nicht Antwort genug?
Die Allmacht entmachtet sich, wird selbst zum Opfer des Blutbads, das wir Weltgeschichte nennen. Dabei hätte er es nicht nötig gehabt. An jeder Station dieses elenden Weges hätte er kehrtmachen, sagen können: „Es ist genug!" Er hatte nicht einmal die Garantie, dass ihm jemals irgendjemand danken würde.
„Wahrhaftig, er ist der Sohn Gottes", sagt einer der beteiligten Soldaten.
Der ultimative Beweis ist geliefert: Kein Mensch, kein vorgetäuschter Gott, hätte so etwas jemals gemacht.
Doch zurück zu Weihnachten. Hier hat alles begonnen. Wer von uns würde seinen Sohn vom Himmel auf diese Erde schicken, von der Schönheit der Ewigkeit in die Finsternis dieser Welt, in dem Wissen, wie alles enden würde? Bereits in Bethlehem zeigt Gott seine große Liebe zu uns Menschen.

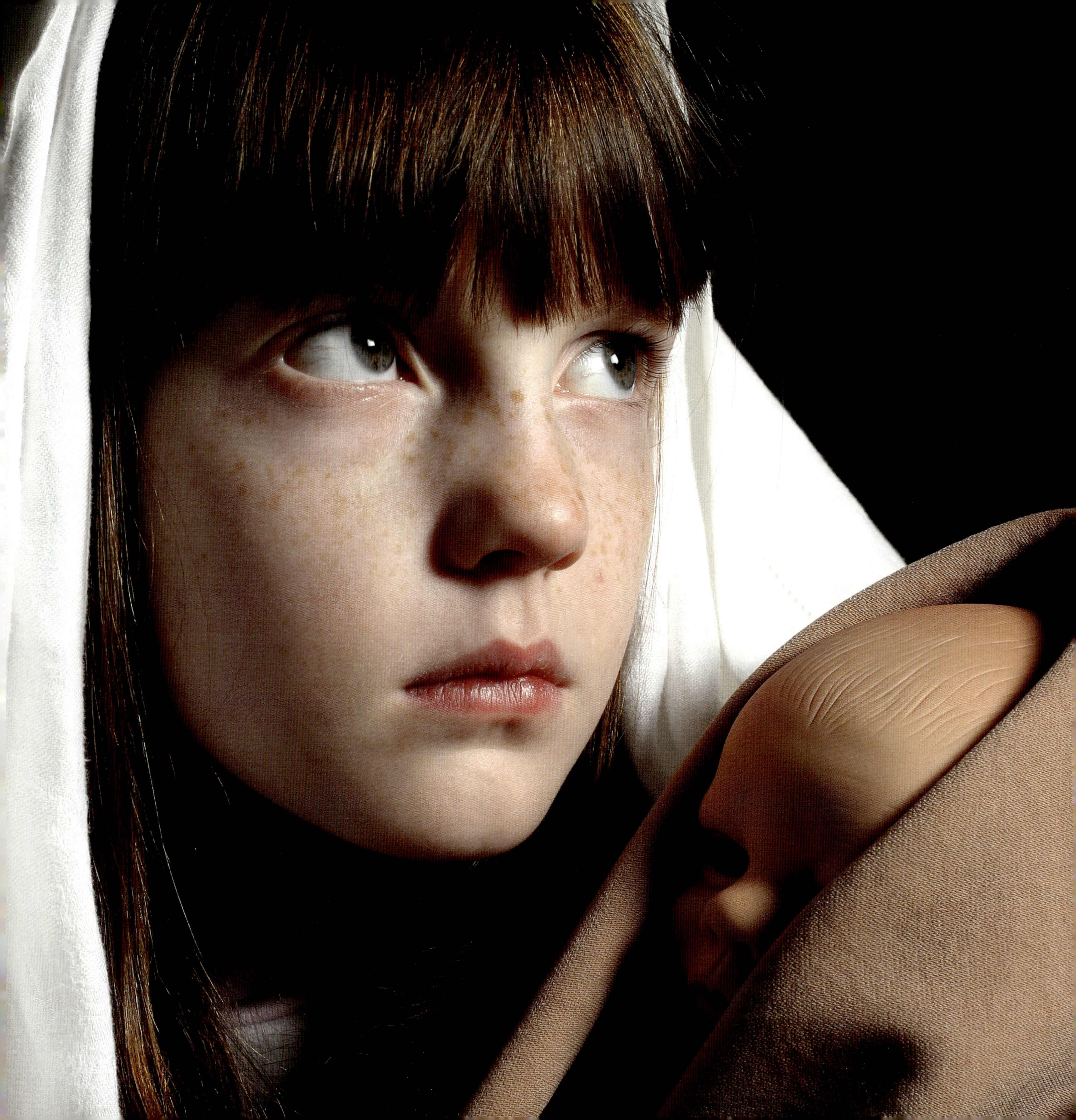

*Und wäre Christus tausendmal in Bethlehem geboren
und nicht in dir: Du bliebest doch in alle Ewigkeit verloren.*

Angelus Silesius

Das Krippenspiel

Das Krippenspiel: das Highlight vieler Kinder an Weihnachten – der Albtraum vieler Eltern und Erzieher!
Die kleine Ronja in ihrer Engelskluft erliegt kurz vor ihrem historischen Auftritt einem Wut- und Tränenanfall. Moritz ist immer noch sauer, weil Stefan – und nicht er – Josef spielen darf. Zwei Hirten müssen in dem Augenblick aufs Klo, in dem die Aufführung beginnen soll. Drei Heiligenscheine sind abhandengekommen, es muss ohne gehen. Das Kind, das die Hinterbeine des Kamels spielen soll, ist plötzlich erkältet und seine Mama meint, verschnupfte Hinterbeine, das gehe gar nicht. Der Vorderteil hat seinen Text nicht gelernt. Kann man eigentlich eine vordere Kamelhälfte alleine auf die Bühne schicken? Ohne Hinterbeine? Das betreffende Kind weigert sich. Die drei Magier müssen dann eben ohne Kamel nach Bethlehem reisen. Wird schon irgendwie gehen. Eine taube Oma ganz hinten im Saal fängt laut an, „Oh, du fröhliche" zu singen, gerade nachdem die Schafe sich für ihren Einsatz startklar gemacht haben. Die ganze Versammlung kichert. Den erhofften Gänsehautmoment, der gerade bevorstand, kann man jetzt wohl vergessen. Aber Josefs Heiligenschein ist wieder aufgetaucht. Ein Schaf saß drauf.

Die Kinder werden älter. Irgendwie fehlen mir die Krippenspiele mit ihren lustigen Begleiterscheinungen. Aber können nicht auch größere Kinder die sagenumwobenen Darsteller des Weihnachtsgeschehens spielen? Hirten etwa, die auf Inlineskates zum Stall angerast kommen? Engel, die nach ihrem Chorauftritt einen Abstecher zu Burger King machen? Einen Ochsen im Stall, der einen Putzfimmel hat und die anderen Tiere in deutscher Hausfrauenmanier zu einer Großreinigung anhält, nachdem er erfährt, dass ein König an diesem Ort geboren werden soll?

Unsere Versuche, das uralte Geschehen mit neuen Mythen zu bestücken, sind endlos. Denn diese Geschichte will partout nicht altern. Es gibt sie in jeder Sprache, an jede Kultur angepasst, in jeder erdenklichen Aufmachung. Und immer noch strahlen Kinderaugen, immer noch staunen Omas mit feuchten Augen, immer wieder seufzen Mütter und Väter zufrieden, weil ihr Kind – zumindest ein paar Minuten lang – Teil der Geschichte sein durfte.

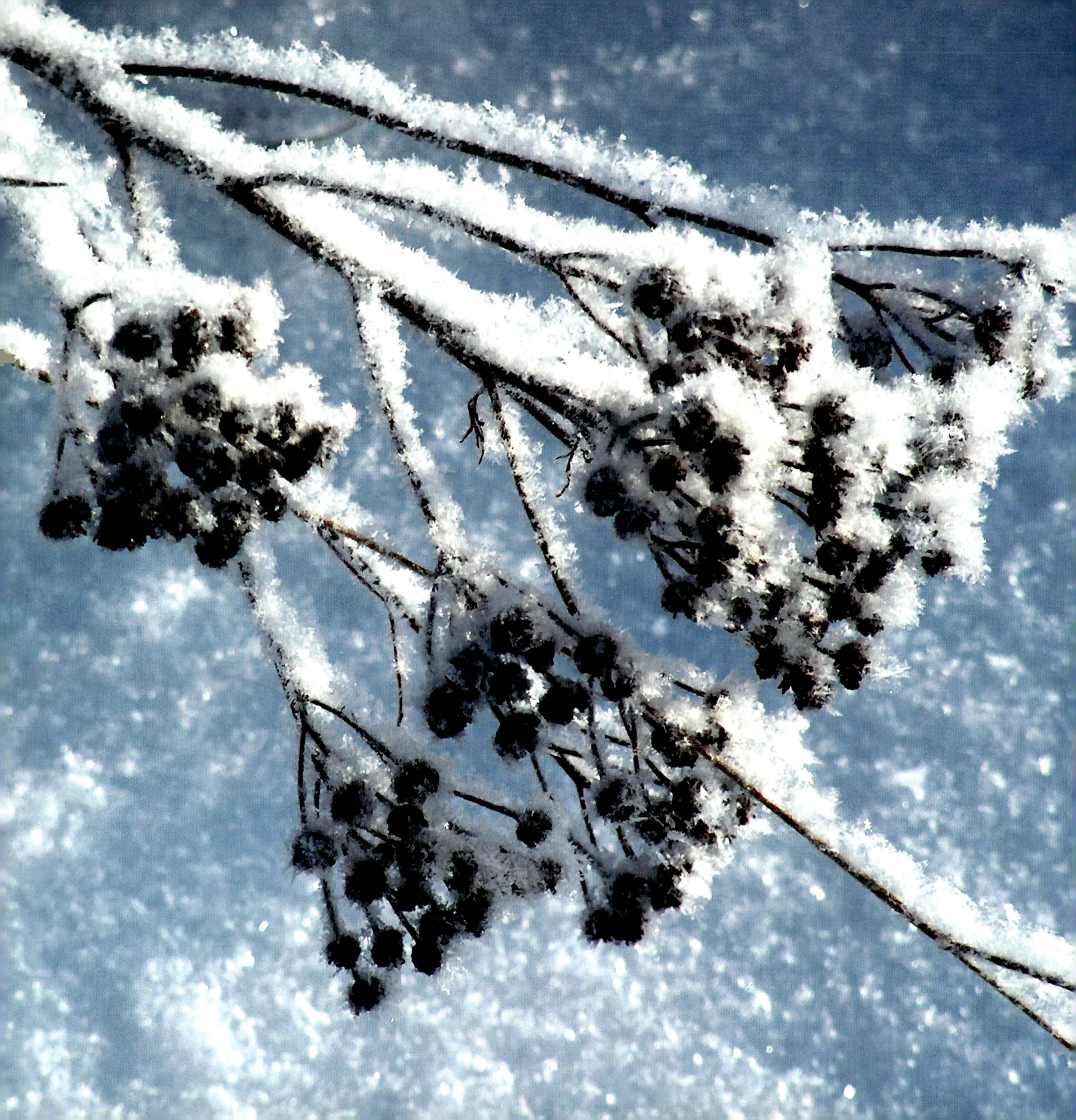

Rückgängig gemacht

Es gibt den natürlichen Lauf der Dinge –
überall staubige Spuren einer Schöpfung,
die dem Verfall ausgesetzt ist.
Doch dann kam Weihnachten.
Und Jesus hauchte Ewigkeit in diese Welt hinein.
Der Herr über Zeit und Leben
schrieb die Geschichte neu.

Aus Hölle wurde Himmel,
aus Gefangenschaft Freiheit,
aus Sünde Heiligkeit.
Wüsten verwandelten sich in Gärten,
als er erschien,
Weinen in Lachen,
Vergänglichkeit in Unvergänglichkeit,
Finsternis in Licht.
Er machte aus Trauer Freude,
aus Krankheit Gesundheit,
er erstattete verlorene Jahre zurück.

Selbst der Tod wich zurück,
als er rief: „Lazarus, komm heraus!",
und als er selbst an einem herrlichen
Auferstehungsmorgen
aus dem Grab trat
und einer stöhnenden Schöpfung zurief:
„Wo ist, Tod, dein Stachel?
„Wo ist, Grab, deine Macht?"

Das ist das Wunder von Weihnachten,
das sein Ziel in Ostern findet,
das ist die Geschichte,
die jeden Frühling neu erzählt wird,
wenn die Schöpfung wieder erwacht,
sichtbar und spürbar.
Es ist nie zu spät für eine Auferstehung.

Bist uns als ein Wort gegeben, Furcht und Hoffnung in der Nacht,
Schmerz, der uns genesen macht, Anbeginn und neues Leben.

Huub Oosterhuis

Dann kam der Morgen

Die lange Nacht –
deine blutige Spur durch die Zeitalter hindurch,
die stampfenden Stiefel der Soldaten,
klebrige Überreste auf dem Schwert
in Rot.
Die angsterfüllten Schreie der Unschuldigen,
das Weinen eines verlassenen Kindes,
Bosheit, die Amok läuft,
der herzzerreißende Ruf:
„Wann kommt er endlich,
der Verheißene?"

... dann kam der Morgen!
Der Himmel hielt den Atem an,
unscheinbar, weitab der Machtzentralen dieser Welt
ein Bündel göttliches Leben
in die Arme eines Mädchens gelegt.
Engelsgesang hallte durch die Lüfte,
ein Hauch der Ewigkeit
platzte für einen kurzen Moment
in die staubige Landschaft Judäas hinein.
Gott auf Besuch.
Die Schöpfung atmete auf.
Der Gesang hallt nach,
auch nach zweitausend Jahren.
Tränen der Freude, aufgewühlte Herzen,
Heimweh nach dem Paradies.

Die lange Nacht –
der Traum ist aus. Er ist tot.
Blutig hingerichtet,
gedemütigt,
verspottet
und alles öffentlich.
Die Blamage des Jahrhunderts,
vorbei die Hoffnung auf bessere Zeiten.

Und dann kam der Morgen!
Ein leeres Grab, Lichtgestalten im Garten,
Verwesung funktioniert nicht mehr.
Das Unvergängliche kehrt beim Vergänglichen ein.
Die Spuren einer letzten Träne werden abgewischt:
die Hoffnung auf eine Welt,
in der es kein Leid mehr gibt.
Der Alptraum ist vorbei.
Denn Weinen dauert eine Nacht
... und dann kommt der Morgen!

*Seid nicht so laut, die Nacht vergeht,
die Blinden sehn, was kommen wird,
die Stummen sagen uns den Sinn.
Die Obdachlosen kehren heim,
die Einladung bleibt nicht geheim.
Wohl denen, die arm sind vor Gott.*

Arnim Juhre

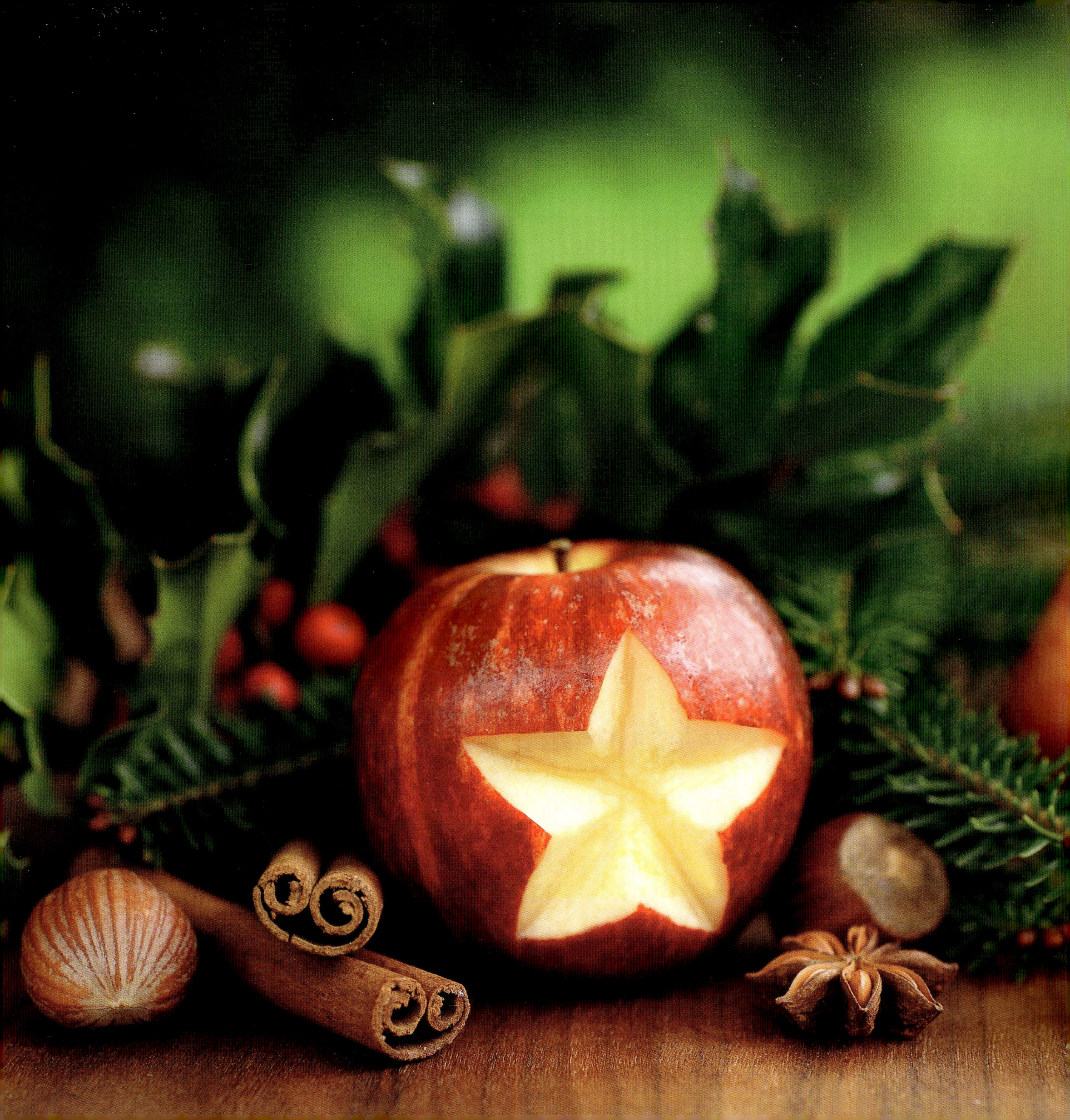

Weihnachten in mir

Es wird Weihnachten in mir. In dem Moment, in dem ich ihm sage: „Dein, und nicht mein Wille geschehe", wird er auch in mir geboren. Er nimmt Gestalt in mir. Seine Spielregeln werden zu meinen Spielregeln. Christus in mir, die Hoffnung der Herrlichkeit. So wie er, so sind auch wir in dieser Welt. Wir haben die Respekt einflößende Aufgabe, die Fortsetzung seiner Geschichte zu sein. Das heißt:

lieben, wenn ich gehasst werde
vergeben, wenn mir Unrecht getan wird

ruhig bleiben, wenn der Sturm um mich tobt
vertrauen
Sorgen auf ihn werfen
loslassen
meinem Ich eine Absage erteilen
und für andere da sein
selbst wenn ich müde bin
mich auch mal abgrenzen
den Ansprüchen der Menschen nicht immer genügen
und die Stille suchen
um zu beten, seine Nähe zu suchen
Kraft finden

Merk, Seele, dir das große Wort:
Wenn Jesus winkt, so geh.
Wenn Jesus zieht, so eile fort,
wenn Jesus hält, so steh.

Kurz, der Heiland soll uns
aus den Augen herausfunkeln,
dass man's sehe,
dass er in uns lebt!
Nikolaus Ludwig Graf von Zinzendorf

Geballte Fäuste oder empfangende Hände?

Geballte Fäuste.
„Was steht mir zu?"
„Komme ich auf meine Kosten?"
Bitterkeit vergleicht. Bitterkeit stellt Rechnungen auf.
Der Mann mit dem Talent rechnet nach.
„Haben die anderen doch das bessere Los gezogen?
Warum haben sie zwei, fünf, und ich nur eines?"

Judas rechnet, während die Frau die kostbare Flüssigkeit auf Jesu Füße ausschüttet. „Warum diese Verschwendung?"

Die Jünger rechnen. „Siebenmal? Siebzigmal? Wie viel muss sein? Mit wie wenig komme ich davon?"

Marta rechnet. „Wie viel habe ich schon gearbeitet – und sie? Gar nicht."
Bitterkeit schielt zur Seite. Es ist nicht fair.

Der ältere Sohn rechnet. Die Jahre seiner Mühe und seines Einsatzes. „Und ich?"

Herodes rechnet. Wie sicher ist sein Thron, wenn ein anderer König geboren ist? Er schlägt um sich, tut alles, um seine Macht zu sichern.

Und der Gipfel: Dreißig Silberschekel werden als Kaufpreis für den Einen gezählt, der nie gerechnet hat, der unsere Sünde nicht gegen uns aufwiegt, sondern vergibt. Der das Böse nicht zurechnet, sondern mit Gutem überwindet. Er entleert sich, verschenkt sich, schüttet sich aus. Damit unsere Rechnungen ein Ende haben. Damit der Kaufpreis für unser Leben für alle Zeiten beglichen ist. Damit wir wissen, dass wir über alle Maßen versorgt und beschenkt sind. Dass wir von der Hölle losgekauft und für die Ewigkeit bestimmt sind.

Unsere Antwort? Nicht geballte Fäuste, sondern empfangende, dankende Hände. Vielleicht fällt uns das an Weihnachten leichter als sonst, vielleicht auch nicht. Wir dürfen loslassen.

Verzichte auf alles Nachdenken über die Fehler anderer Leute ... warum stellst du
sie nicht einfach ab und denkst stattdessen über deine eigenen Fehler nach?
Denn an diesem Punkt kannst du, mit Gottes Hilfe, etwas ändern.
Unter all den schwierigen Menschen bei dir zu Hause oder am Arbeitsplatz
gibt es nur einen einzigen, den du wirklich ändern kannst. Bei dem musst du ansetzen.

C. S. Lewis

*Wie zur Beschämung der gewaltigsten menschlichen Anstrengungen und Leistungen
wird hier ein Kind in den Mittelpunkt der Weltgeschichte gestellt.*

Dietrich Bonhoeffer

Werden wie ein Kind

Glauben – wenn es mir nichts bringt?
Das ist möglich, wenn ich vertraue wie ein Kind. Wenn ich weiß, jemand ist
für mein Leben zuständig.

Das Richtige tun – wenn es nur Nachteile bringt?
Das ist möglich, wenn ich weiß, dass Gott meine Lebensgeschichte schreibt, dass er auch für den Ausgang der Dinge verantwortlich ist. Dass ich bedingungslos geliebt bin.

Vergeben – wenn ich ungerecht behandelt wurde?
Das ist möglich, wenn ich erkannt habe, wie viel mir vergeben wurde. Wie Gott mich aushält. Und dennoch an mir festhält. Wenn ich erkenne, dass ich durch Bitterkeit nur mir selbst Schaden zufüge.

Loslassen – wenn ich recht habe?
Das ist möglich, wenn ich nicht mehr an dieser Welt festhalte, weil ich eine andere entdeckt habe. Wenn ich erfahren habe, dass diese Welt mich nicht sättigen kann, dass ich für den Himmel gemacht bin, für die Ewigkeit.

Alles ist möglich, wenn ich vertraue. Wenn ich in kindlicher Einfalt davon ausgehe, dass jemand schon daran gedacht hat und dafür sorgen wird.
Jesus, das Kind in der Krippe, ist mir ein Vorbild dafür.

*Wahrlich, ich sage euch,
wenn ihr nicht umkehrt
und werdet wie die Kinder,
so werdet ihr keinesfalls
in das Reich der Himmel
hineinkommen.*

Matthäus 18,3

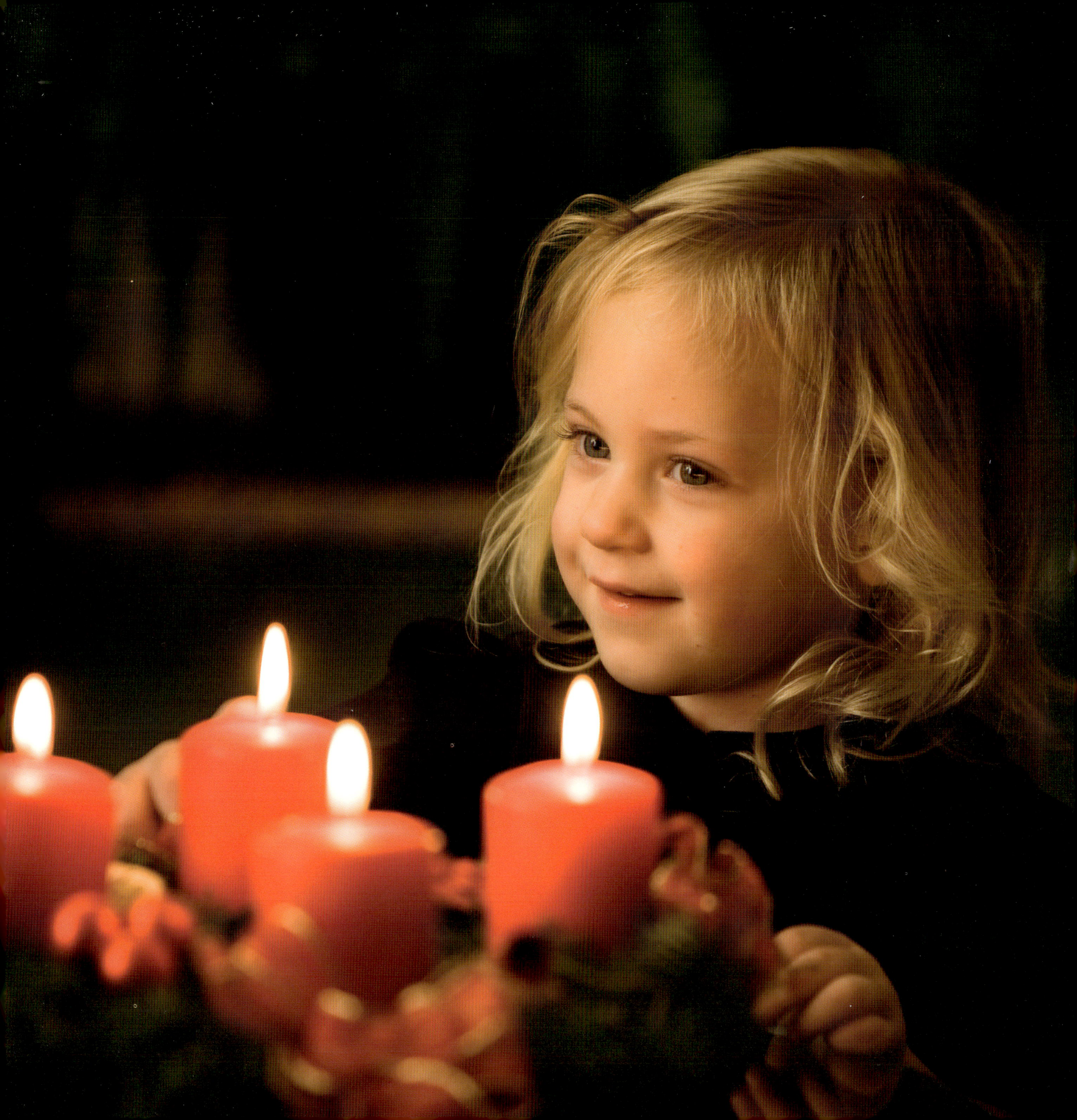

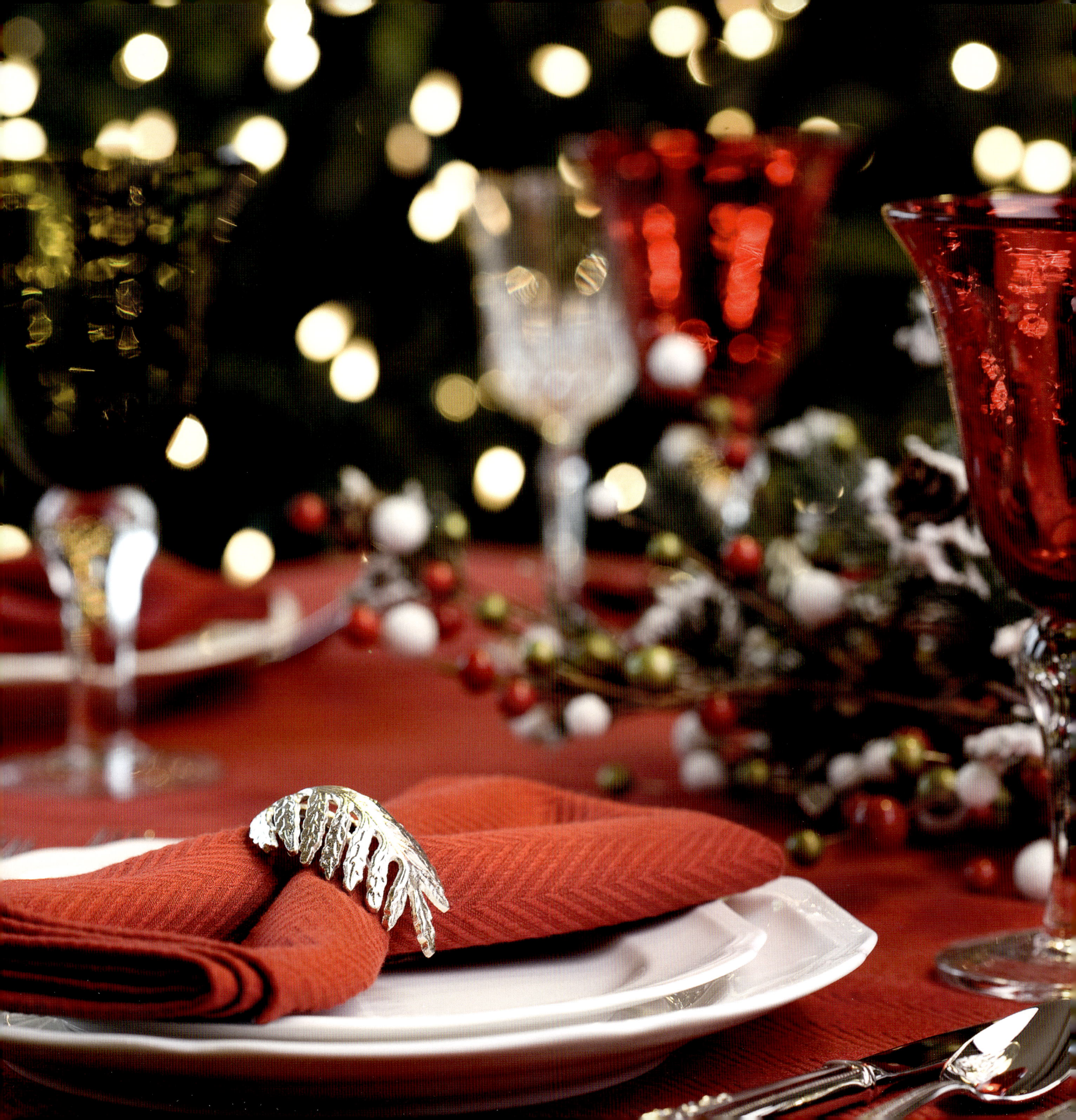

Der Tisch

Lehrer, wo hältst du dich auf?
Zwei Jünger in Johannes 1,38

Nicht: „Meister, wo gehst du in die Kirche?"
Nicht: „Meister, zu welcher Gruppe gehörst du, welche Theologie, welche Politik vertrittst du? Was ist dein Beruf?"
Ihn, seine Person, seine Nähe wollten sie, nicht das, was er zu bieten hatte. Sie suchten Heimat.

Und genau das bot er an. Er lud sie in sein Leben ein. Nicht in einen Gottesdienst, nicht in einen Arbeitskreis oder ein Planungsgremium. Das Reich Gottes wurde um den Tisch herum gebaut. Brot und Wein wurden unter Lachen und Loben, mit gegenseitigem Blickkontakt eingenommen. Nicht in Reih und Glied mit nach vorne gerichteten Köpfen, lautlos auf kalten Kirchenbänken sortiert, und nachher so schnell wie möglich nach Hause. Dieser Tisch war zu Hause.

Es war der Tisch, der „im Angesicht meiner Feinde" gedeckt wurde. Es war das lautstarke „Jawohl!" auf die Frage von alters her: „Sollte Gott imstande sein, uns in der Wüste einen Tisch zu bereiten?" Dieser Tisch erinnerte an das Wasser aus dem Felsen, das Manna in der Wildnis, die Vermehrung auf dem Berg, die Überreste auf dem Boden. Selbst die Krümel reichten für ein Wunder.
Es war der königliche Tisch, an den der verwaiste Mefi-Boschet kraft der Gnade des Königs geholt wurde, um seinen Platz unter den Regenten wieder einzunehmen, der Tisch, der laut Jesaja mit einem „Mahl von ... markigen fetten Speisen, geläuterten alten Weinen" im Himmel gedeckt ist. Ist es vielleicht doch keine Überraschung, dass der Gastgeber all dieser Feste von der kirchlichen Elite seiner Zeit als „Fresser und Säufer" beschimpft wurde?

Für diese geistliche Elite war die Tischgesellschaft nicht exklusiv genug. Sie roch nach dem Leben auf der Straße. Manche Gäste wurden von den Hecken und Zäunen geholt. Jeder, der wollte, konnte kommen, mit der Bedingung, dass er demütig, abhängig, in den Kleidern des Gastgebers erschien. Nichts für die, die Ansprüche auf die besten Plätze hatten.

Jesus weilt nicht mehr physisch unter uns, aber er hinterließ uns seinen Tisch. Auch wir sollen „zu seinem Gedenken" Wein und Brot austeilen, auch wir sollen an die Hecken und Zäune dieser Welt gehen und sie „nötigen", hineinzukommen, „auf dass mein Haus voll werde!". Auch wir werden aufgefordert, Türen zu öffnen, Tische zu decken und eine verwaiste Welt in der Gegenwart des Vaters willkommen zu heißen. Die Bibel nennt es „Kirche".

Gerade an Weihnachten versammeln wir uns um viele Tische – mit unserer Familie, mit Freunden. Denken wir an diesen Tisch Jesu, die echte Gemeinschaft, die nur er stiften kann. Und daran, dass er nicht nur die Harmonie im kleinen Kreise suchte, sondern dass er vor allem gekommen ist, um sich zu verschenken an diese Welt. Die brutzelnde Festtagsgans, das duftende Glühweindessert, der festlich glitzernde Tisch – wenn uns dies alles an Gottes Gastfreundschaft erinnert, dann hat es seinen Zweck erfüllt.

*Des Engels Predigt lautet, dass dies Kindlein unser Heiland sei,
an dem wir allen Trost und Freude haben sollen als an dem höchsten Schatz.
Wo der ist, da sehen alle Engel und Gott selber hin.
Solchen Schatz aber legt er nicht allein der Mutter in den Schoß,
sondern mir und dir und sagt: Er soll dein Eigen sein. Du sollst sein genießen,
und alles, was er hat im Himmel und auf Erden, das soll dein sein.*

Martin Luther

Das Liebeslied

Ich stand auf, um meinem Geliebten zu öffnen, da trieften meine Hände von Myrrhe und meine Finger von flüssiger Myrrhe, als ich sie legte an die Griffe des Riegels. Ich öffnete meinem Geliebten, aber mein Geliebter hatte sich abgewandt, war weitergegangen. Ich war außer mir, dass er weg war. Ich suchte ihn, doch ich fand ihn nicht. Ich rief ihn, doch er antwortete mir nicht" (Hoheslied 5,5-6).

Wie ein Albtraum sind diese Geschichten, in dem das Ersehnte beinahe eintrifft, aber nicht ganz. Ein klares „Nein" wäre einfacher. Stattdessen: knapp daneben. Endlich das Herzklopfen der großen Liebe, endlich die Freundschaft, die Geborgenheit gibt, endlich das kleine Zeichen, dass meine Existenz einen Sinn hat. Die Hoffnungsschimmer, dass Gott mich nicht vergessen hat, dass auch ich eines Tages erzählen kann, wie gnädig Gott zu mir war.
Und dann war es doch wieder nichts. Gott ist mir wieder entwischt. Wie oft kann mir diese Enttäuschung zugemutet werden, bevor ich aufhöre, zu glauben?

„Es fanden mich die Wächter, die die Stadt durchstreifen. Sie schlugen mich, verwundeten mich … ‚Was hat dein Geliebter einem anderen Geliebten voraus, dass du uns so beschwörst?'" (Hoheslied 5,7.9).

Es kommt noch schlimmer. Meine Suche wird nicht belohnt, sondern bestraft. Bühne frei für die Spötter, die Verfolger. Eine Verschmähte, eine Versagerin auf der ganzen Linie: leichte Beute für jede zerstörerische Macht, die einer verwundeten Seele den letzten Hieb versetzen will.

„Mein Geliebter ist … hervorragend unter Zehntausenden. Sein Haupt ist feines, gediegenes Gold … Sein Gaumen ist Süßigkeit, und alles an ihm ist begehrenswert. Das ist mein Geliebter und das mein Freund, ihr Töchter Jerusalems!" (Hoheslied 5,10.16).

Mitten im Schmerz lege ich einen Schalter um. Auch wenn mein Geliebter mir verborgen bleibt, ist er das Wunderbarste, was mir je passieren konnte. Auch wenn ich ihn nicht erlebe, werde ich weiter von ihm träumen. Denn allein der Traum ist schöner als jede andere Realität. Ihm huldigen, ihn anbeten, auch ohne ihn zu fühlen. Aus Versehen habe ich entdeckt, was wahre Anbetung ist. Er steht im Mittelpunkt, nicht ich.

„Wohin ist dein Geliebter gegangen, du Schönste unter den Frauen? Wohin hat dein Geliebter sich gewandt, dass wir ihn mit dir suchen?" (Hoheslied 6,1).

Nach meinem Liebeslied spotten sie nicht mehr. Auf einmal wollen sie ihn auch suchen, mit mir zusammen – gerade die, die mich vorhin noch ausgelacht haben. Hat meine Sehnsucht auch in den anderen Sehnsucht erweckt? War sie ansteckend?

„Ich gehöre meinem Geliebten, und mein Geliebter gehört mir!" (Hoheslied 6,3).

Aus Hoffnung ist Gewissheit geworden.
Aus einem Fragezeichen ein Ausrufezeichen.
Aus Glauben Überzeugung. Und dann endlich ...

„,Schön bist du, meine Freundin, wie Tirza, anmutig wie Jerusalem [...] Eine nur ist meine Taube, meine Vollkommene ...' Ich gehöre meinem Geliebten, und nach mir ist sein Verlangen" (Hoheslied 6,4.9.11).

Ich höre die Stimme, nach der meine Ohren sich gesehnt haben. Und erfahre das Unfassbare: Nicht ich suche nach ihm, er sucht nach mir. Nicht ich habe ihn erwählt, er hat mich erwählt. Die Initiative ging schon immer von ihm aus. Er machte sich auf, kam an Weihnachten auf diese Erde, weil er mich wollte. Wenn ich das begriffen habe, bekomme ich Kraft. Wenn aus keinem anderen Grund, aus diesem allein lohnt es sich, aus dem Bett zu steigen und erhobenen Hauptes dem kommenden Tag ins Gesicht zu schauen.

Die Generalprobe

Ich aber und der Junge
  wollen dorthin gehen und anbeten …
                                  1. Mose 22,5

Diese Anbetung war anders. Keine Panflöte mit süßlichen Klängen, keine Geigen, keine feierliche Orgel, kein Liedersingen. Ein kahler Berg, Dornengestrüpp, ein steiler Anstieg, wahrscheinlich in der brütenden Mittagshitze eines israelischen Sommertags.

„Und Abraham nahm das Holz zum Brandopfer und legte es auf seinen Sohn Isaak, und in seine Hand nahm er das Feuer und das Messer" (1. Mose 22,6).

Die einzigen Requisiten: Holz, Messer und Feuerzeug. Und nicht zuletzt der Schatz, sein Ein und Alles, der geliebte Sohn. Der Schatz, von dem er jahrelang geträumt, für den er gelebt hatte.

Wahre Anbetung entfernt die Grauzonen. Hier gilt: entweder alles oder nichts. Entweder er oder ich. Gott als Gesamtpaket oder gar nicht. Häppchenweise ist er nicht zu haben. Auch nicht als Beilage. Gott ist keine Notfallkiste, zu der man greift, falls alle anderen Hilfsmethoden nicht funktionieren.

Und der Gedanke daran, dass man selbst zu kurz kommen könnte? Nur wer darauf vertraut, dass das eigene Leben bei dem Gott Abrahams in besten Händen ist, kann sich ihm hingeben.

Abraham hatte nicht den geringsten Hinweis darauf, dass diese Geschichte ein gutes Ende haben würde. Nur der Schatz, den er weggibt, gehört ihm wirklich. Nur das, was auf den Altar gelegt wird, wird geheiligt und kehrt in Form göttlichen Segens auf das eigene Leben zurück.

Und Hunderte von Jahren später? Das Ersatzopfer wird tatsächlich gefunden. An Weihnachten kommt es in die Welt. Gott hat sich „das Schaf zum Brandopfer ersehen". Wieder ein Berg, wieder ein Sohn, der, mit Holz beladen, langsam den Hang hochstolpert. Wieder ein Altar. Dieses Mal keine Rettung in letzter Minute. Der Sohn wird geopfert.

Wenn wir an Weihnachten anbetend vor der Krippe stehen, geht es nicht nur um schöne Gefühle und erhabene Stimmung. Wenn wir Jesus, das Baby, an Weihnachten anbeten, müssen auch wir uns entscheiden.

Aber als die Fülle der Zeit kam,
  sandte Gott seinen Sohn,
geboren von einer Frau,
  damit wir die Sohnschaft empfingen.
                                  Galater 4,5

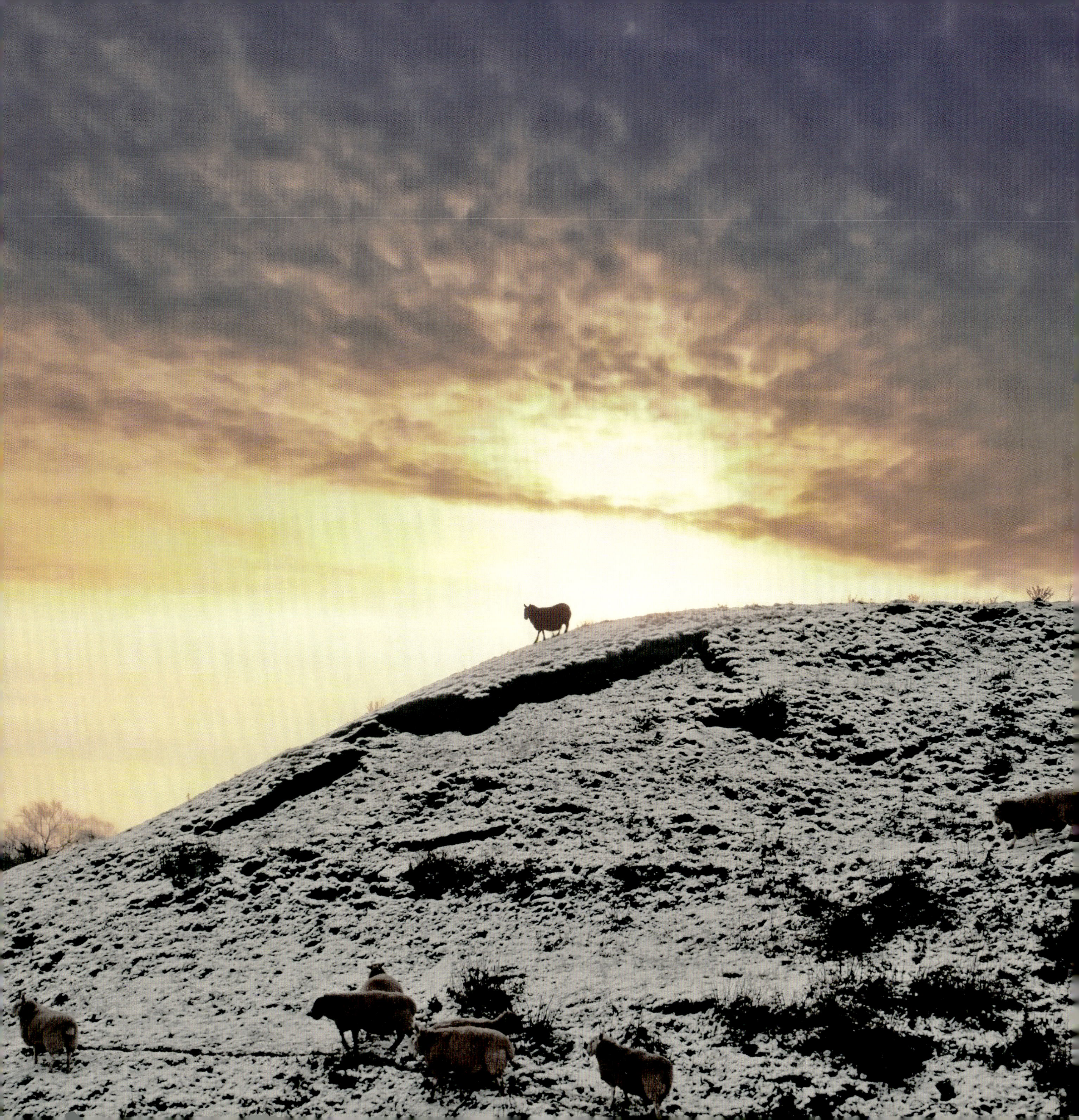

Hiob bekommt seine Antwort

Den Propheten des Alten Testaments wurde ab und zu ein kleiner Blick hinter die Schleier des Irdischen gewährt, in die zeitlosen Absichten Gottes. Je schwieriger ihre persönliche Lage, scheint es, desto klarer wurde ihre Vorahnung auf das Ereignis in jenem Stall in Bethlehem, auf das alles zulief.
Derjenige, der in die tiefste Dunkelheit blickte, sah die Vision am klarsten. Sein Name war Hiob, der Mann, dessen Biografie zum Sinnbild für das Schicksal einer gefallenen Menschheit wurde.

„Warum hast du mich dir zur Zielscheibe gesetzt? … Warum vergibst du mir nicht mein Verbrechen?" (Hiob 7,20-21).

Hiob erkennt die Hoffnungslosigkeit der Gottesferne, stöhnt am Rande des klaffenden Abgrunds, der ihn, den Sünder, von einem heiligen Gott trennt, der gleichzeitig seine einzige Hoffnung ist. Er steht mit leeren Händen vor den Scherben einer Welt, die aus den Fugen geraten ist. Die Ohnmacht, die er dabei empfindet, ist eine Qual.

„Es gibt zwischen uns keinen Schiedsmann … sein Zorn zerfleischte mich und feindete mich an" (Hiob 9,33; 16,9).

Hiob sieht die Notwendigkeit eines Mittelmanns, der eine Brücke in die Gegenwart Gottes schlägt.

„Siehe, im Himmel ist mein Zeuge, und mein Fürsprecher in der Höhe" (Hiob 16,19).

Er fängt an zu ahnen, davon zu träumen, dass Gott den Schrei seines Herzens vernommen hat, dass es einen Weg zurück in seine Gegenwart geben wird.

Unsere Krankheit, nicht unsere Gesundheit, ist das, was uns zum Arzt treibt, was uns bewegt, uns auf seine Gnade zu stürzen. Ein Kennzeichen falscher Religion ist, dass der Anbeter seine Hoffnung auf göttliche Gunst setzt, auf etwas im eigenen Charakter oder in der Erfüllung religiöser Pflichten. Genau das hat der Pharisäer getan, als er in den Tempel kam und Gott dankte, ‚dass ich nicht so bin wie andere Menschen'.

Horatius Bonar

„Doch ich weiß: Mein Erlöser lebt, und als der Letzte wird er über dem Staub stehen … ich werde ihn für mich sehen … nicht als Fremden" (Hiob 19,25-27).
„Wenn er da einen Engel bei sich hat, einen Mittler … so wird er sich über ihn erbarmen … Ich habe Lösegeld für ihn gefunden" (Hiob 33,23-24).

Die Hoffnung wird zur Gewissheit. Er ahnt nicht nur, er weiß: Ein Erlöser wird kommen, der das Lösegeld für den verlorenen Sünder bezahlt, den Abgrund überbrückt, den Weg in die befreiende Nähe Gottes ermöglicht. Der Verlorene darf den Allmächtigen mit „du" anreden, ihn „Vater" nennen.

„Vom Hörensagen hatte ich von dir gehört, jetzt aber hat mein Auge dich gesehen" (Hiob 42,5).

Die Gewissheit verwandelt sich in die Erfüllung eines Traumes. Hiob beugt sich, ergreift die ausgestreckte Hand und blickt direkt in das Antlitz Gottes hinein, er kommt nicht aus dem Staunen heraus. Seine eigenen Probleme sind kein Thema mehr.

In einer kleinen Scheune, Tausende Jahre später, durfte eine größere Schar von staunenden Menschen bekennen: „Vom Hörensagen hatte ich von dir gehört, jetzt aber hat mein Auge dich gesehen."
Wäre Hiob jemals auf den Gedanken gekommen, dass die Rettung so aussehen würde? Dass Gott sich höchstpersönlich auf den Weg machen würde, um die Mauer zu entfernen? Dass er genauso, wenn nicht noch mehr, unter dieser Trennung litt wie die Menschen, die er geschaffen hatte?
Das Wunder von Weihnachten.

Jenseits der Trauer

Und es war eine Prophetin Hanna ... sie war eine Witwe ..., die wich nicht vom Tempel und diente Gott Nacht und Tag mit Fasten und Flehen. Sie ... lobte Gott und redete von ihm zu allen, die auf die Erlösung Jerusalems warteten. Lukas 2,36–38

Die Beschreibung ist knapp, auf das Wesentliche beschränkt. Als ob ein Journalist bei dieser monumentalen Begegnung zwischen Himmel und Erde fast vergessen hätte, dass auch sie dabei war. In einer Abfolge von Ereignissen, in der es bisher nur Protagonisten gab, taucht eine Frau auf, die ... was eigentlich? Zufällig zur gleichen Zeit wie Jesus im Tempel war.

Sieben Jahre war sie verheiratet gewesen. Was hatte sie gerade gemacht, als die Nachricht sie erreichte, dass ihr Mann tot war und ihr Leben sich von nun an in „davor" und „danach" aufspalten würde? Hatte sie gerade ein Kind gestillt? Mit einer Nachbarin geplaudert?
Die Mühsal der Trauerarbeit. Er tauchte in ihren Träumen auf, sie tastete instinktiv nach ihm im Halbschlaf, hätte alles gegeben, um noch einmal seine Nähe zu spüren. Ihre Seele wollte sich mit dem leeren Platz an ihrer Seite nicht abfinden.

Ein Gedanke zog jedoch immer wieder durch die Trümmer ihrer gebrochenen Existenz. Es gab einen Ort, an dem Menschen Erleichterung fanden – jenseits des seelischen Zusammenbruchs. König David war dorthin geflüchtet, als seine Freunde zu Feinden geworden waren. Jesaja, im Schockzustand, war dort gewesen „im Jahr, als König Usija starb". Ihre Namensschwester, von einer schadenfrohen Konkurrentin unablässig verhöhnt, war auch dorthin gestolpert. Der Tempel.

Eines Tages packt Hanna ihren Koffer. Sie macht sich zum Haus Gottes auf. Wenn Gott irgendwo zu finden ist, dann doch dort. Im Eiltempo an den neugierigen Blicken vorbeilaufend, findet sie einen Raum, in dem sie allein sein kann. Wird Gott ihr hier begegnen?

Auf einmal geschieht es.
„Ich könnte schwören ... Aber ich kam allein hier herein, wie immer."
Sie öffnet die Augen und blickt um sich. Niemand. Aber sie ist nicht allein.
„Bist du es, Herr?", flüstert sie zitternd. „Ich suche dich schon lange."
„Nicht du hast mich gesucht, ich habe dich gesucht. Schon lange."
Die Stimme ist nicht hörbar, zumindest nicht mit den Ohren. Doch sie hat sie sich nicht eingebildet. Nun aber flott: loslegen, endlich raus mit den Klagen, mit dem seit Jahren angestauten Frust. Dampf ablassen.
Doch jetzt, wo es drauf ankommt, kann sie es nicht.
„Du mich? Was willst du von mir, Herr?"
Hat sie das wirklich gesagt? Ihr Problem war ein ganz anderes.
„Warten soll ich? Das mache ich schon die ganze Zeit, Herr."

Nein, nicht die Art von Warten, sondern ein aktives, gefülltes, freudevolles Warten. Auf ...? „Auf den kommenden Erlöser. Bald?"

Blöde Frage – Zeitangaben gibt er grundsätzlich nicht. Sie wird ihn mit den eigenen Augen sehen, meint er.
Aber Moment. Sie ist doch eine Witwe, die mit dieser Welt Schluss gemacht hat. Ach so. Gerade deswegen?
Das Gespräch ist schon vorbei. Na ja, für lange Erklärungen war er noch nie bekannt.

Wilde Gedanken jagen durch ihre Seele. Ein warmes Licht. Tauwetter. Die Stimme klingt in ihr nach. Das Gras grünt wieder. Vielleicht hat sie alles nur geträumt? Wenn ja, muss sie den Traum mit aller Macht festhalten. Davon könnte sie sich ein Leben lang ernähren.

Er saß die ganze Zeit neben ihr, als sie der Trostlosigkeit ins Gesicht blickte und sterben wollte. Weinte mit.
Von wegen alleingelassen. Ihre Lebensgeschichte klingt anders, wenn er sie erzählt. „Man kann es so oder so sehen", meint er.

Meine Einsamkeit – oder die Einladung in seine Gegenwart hinein? Mein Frust – oder das unaufhaltsame Zupfen an meiner Seele des Einzigen, der wirklich sättigen kann? Der sein Licht dann anschaltet, wenn alle anderen Lichter ausgegangen sind?

Dann kommt der Tag, an dem sie sich fein macht für den Gang in den Tempel. Sie weiß nicht, warum. Vierundachtzig Jahre ist sie nun alt. „Und sie trat zur selben Stunde herbei." Für alle anderen Betrachter ist es Routine.
Ein bescheidenes Pärchen bringt seinen Sohn zur Beschneidung. Turteltauben als Opfer, weil sie sich ein Schaf nicht leisten können.
Sie blickt auf das schlafende Kind. Ihr Herz platzt beinahe vor Freude. „Du bist es, du kleiner Schatz", flüstert sie.
Sie sinkt auf ihre Knie, schlägt ihre Hände zusammen. „Danke, danke!", sind die einzigen Worte, die sie über die Lippen bringt.

Vielleicht war sie doch mehr als eine Randnotiz in der Weihnachtsgeschichte?

Das Wunder vollbracht

Eines Tages wird sich das Wunder von Weihnachten in seiner ganzen Herrlichkeit entfalten. Wir werden nicht mehr „mittels eines Spiegels, undeutlich" sehen, sondern „von Angesicht zu Angesicht". Es werden nicht mehr flüchtige Schatten, Träume, Vorahnungen sein. Es wird strahlende Realität sein.

„Ich sehe mich nun am Ziel meiner Reise, die Tage der Mühe und Arbeit sind zu Ende. Ich darf nun bald den sehen, dessen Haupt mit Dornen gekrönt war und dessen Angesicht um meinetwillen verspeit ward. Bisher habe ich im Glauben gelebt; nun aber ziehe ich dahin, wo ich im Schauen leben und bei dem sein werde, dessen Nähe meine Wonne ist. Ich habe von nichts lieber gehört als von meinem Herrn, und wo ich nur seine Fußstapfen auf Erden erblickte, da habe auch ich meine Füße hinzusetzen begehrt. Sein Name ist mir gewesen wie eine ausgeschüttete Salbe (Hoheslied 1,3), ja lieblicher als aller Weihrauchduft. Nichts klang in meinen Ohren süßer als seine Stimme; nach seinem Angesicht habe ich mich stärker gesehnt als nach dem Licht der Sonne. Seine Worte waren meine Speise und Stärkung in der Schwachheit. Er hat mich erhalten und meine Übertretungen fern von mir sein lassen, ja, meine Schritte sind fest geworden auf seinem Weg" (John Bunyan, Pilgerreise zur seligen Ewigkeit).

Vorbereitete Augen sehen keinen Sarg vor sich, sondern die ausgestreckten Hände eines Vaters, der sein Kind nach Hause holt. Vorbereitete Ohren hören keine Klagegesänge, sondern vernehmen in der Ferne die Festlieder des Paradieses. Vorbereitete Herzen möchten am liebsten auch gleich mit in den Himmel gehen, sind aber bereit, hier auf Erden noch zu verweilen, bis die Arbeit getan ist und der Meister ruft.

Hier endet für uns diese Geschichte. Wir können nur noch sagen, dass sie alle weiterhin glücklich lebten in Narnia. Für sie in Narnia aber war es nur der Anfang der wahren Geschichte. Ihr ganzes Leben in dieser irdischen Welt und alle ihre Abenteuer in Narnia waren nur der Umschlag und das Titelblatt. Nun erst begannen sie das erste Kapitel der großen Geschichte, die noch keiner auf Erden gelesen hat, der Geschichte, die ewig weitergeht und in der jedes Kapitel besser ist als das vorangegangene.

C. S. Lewis